谨以此书向5·12大地震中的死难者
表示哀悼

无 常

阿姜查（Ajahn Chah） 著
保罗·布里特（Paul Breiter） 英文编译
赖隆彦 译

深圳报业集团出版社
SHENZHEN PRESS GROUP PUBLISHING HOUSE

责任编辑：郭良原　赵学军
装帧设计：高　雪

图书在版编目（CIP）数据

无常／（泰）阿姜查著；（英）布里特英译；赖隆彦汉译.
—深圳：深圳报业集团出版社，2008.7
ISBN 978-7-80709-204-9

Ⅰ．无…　Ⅱ．①阿…　②布…③赖…　Ⅲ．佛教—通俗读物
Ⅳ．B94-49

中国版本图书馆 CIP 数据核字（2008）第 105916 号

EVERYTHING ARISES, EVERYTHING FALLS AWAY
by Ajahn Chah and Paul Breiter (translator)
Copyright © 2005 by Paul Breiter
Published by arrangement with Shambhala Publications, Inc.
Horticultural Hall, 300 Massachusetts Avenue, Boston, MA 02115, U.S.A.
www.shambhala.com
Simplified Chinese translation copyright © 2008
by Lipin Publishing Company
ALL RIGHTS RESERVED

无　常

〔泰〕阿姜查　著　保罗·布里特、赖隆彦　译

深圳报业集团出版社出版发行
（518009　深圳市深南大道 6008 号）
三河市华晨印务有限公司印制　新华书店经销
2008 年 7 月第 1 版　2013 年 4 月第 4 次印刷
开本：787mm×1092mm　1/16
印张：12.25　字数：110 千字
ISBN 978-7-80709-204-9　定价：28.00 元

深报版图书版权所有，侵权必究。
深报版图书凡是有印装质量问题，请随时向承印厂调换。

目 录

英译序　阿姜查的教学风格与森林传统 *1*

第一部　正见

01　了解心 *3*

02　了解境 *6*

03　法尔如是 *9*

04　看穿事物——阿姜查的修行 *12*

05　佛与菩萨 *14*

06　如实观 *16*

07　那也很好——阿姜查的见解 *23*

08　佛陀的灵感 *25*

09　放宽视野 *27*

10　佛陀的追寻 *28*

第二部　无常

01　调伏我们的心 ………… 33

02　许多烦恼——阿姜查在说笑 ………… 35

03　它是无常的、不确定的 ………… 37

04　一则"放生"的故事 ………… 44

05　一位困惑的禅者遇见佛陀 ………… 50

第三部　苦

01　了解苦 ………… 57

02　对学生当头棒喝——阿姜查的方法 ………… 67

03　"生"与"有" ………… 68

04　逝者如斯 ………… 71

05　冷峻的慰藉——阿姜查的僧侣面对疾病与死亡 ………… 75

06　佛陀不死 ………… 77

07　出生、死亡与觉悟——阿姜查与菩提树 ………… 79

第四部　无我

01　如四大般修行 ………… 83

02　无知——阿姜查明镜高悬 ………… 87

03　非"我"，非"我所" ………… 89

04　不要成为一尊佛 ………… 95

05　我的牙齿、我的枕头、我的椰子 ………… 101

第五部　禅修要点

01　止与观 ………… 105

02　流动的止水，静止的流水 ………… 108

03　落实修行 ………… 110

04　认真的学生——阿姜查对于密集禅修的看法 ………… 112

05　禅修指导——阿姜查与学生间的问答 ………… 114

06　它是什么——阿姜查的禅修 ………… 124

07　别沉迷于安止 ………… 125

08　持之以恒 ………… 129

09　高远理想与日常挫折——一位年轻比丘与阿姜查 ………… 131

第六部　成道

01　彻底解决问题 ………… 135

02　寻找老师——阿姜查与一位未入门弟子 ………… 147

03　聪明的螃蟹 ………… 148

04　最后几点忠告 ………… 150

附录一　英译者致谢词 ………… 158

附录二　英译者简介 ………… 160

附录三　词汇表 ………… 162

附录四　资源 ………… 166

英译序　阿姜查的教学风格与森林传统

1945年，阿姜查（Ajahn Chah，1918—1992）与少数弟子在泰国东北部的偏远森林中建立了一座寺院。他们过着和两千五百多年前佛陀时代的比丘一样简单的森林苦行生活，阿姜查的慈悲风范与直接而清楚的教学风格，吸引了无数在家与出家弟子前来，而寺院也在泰国与西方各地如雨后春笋般茁壮成长。

直接呈现佛法的教学风格

阿姜查去除佛教概念的神秘因素，将佛法直接呈现在我们面前，几乎所有听过的人都能了解。他教导村民如何处理家庭生活与经济事务，也会告诉他们修行以证悟涅槃的观念。他可能以一种激励人心而非说教的方式，指导一个初次来访团体基本的戒律，温柔地提醒他们注意自己的行为，并为他们注入他那深具感染力的喜悦。然而，他也可能严厉地斥责当地出家人与在家人的观念。他可能从最基本的佛教观念说起，并自然而然地谈到空性上去。

阿姜查在使用术语时并不墨守成规。他说话从不看笔记，且不会预先准备谈话的内容。但他所作的教导都是实际与可行的。对于未受教育的人，他会说："别管什么蕴，什么色、受、想、行、识。太麻烦了！只要说'身与心'就够了。"虽然他不常引经据典，但若有需要，他也会解释深奥的术语。例如《念处经》中谈到"于身观身"与其他诸蕴的类似说法，阿姜查只是说："当我们了解身是无常、苦、无我与无我所时，这就是所谓的'于身观身'。"

有时他强调观禅的三个特征——无常、苦与无我，有时则强调四圣谛，但这些都只是指月[1]的工具而已。佛陀初转法轮时，他说："不死之门已被打开，凡具耳者皆得听闻，你们应当生起信心。"阿姜查从"无我"的实际面向来解释这个有些神秘的"无死"概念——既然无我，无我所，就没有一个会死的人。五蕴法生起又消失，但只要我们不对号入座，不相信它们是我们或我们的，我们就不会随着它们死亡，也不会为它们感到痛苦。他也将它解释为不再随着我们所经验到的内、外在事件而生与死，换句话说，就是解脱。

阿姜查的教法是以无常为基础，为修习正念的初始焦点，并无其他事物能与之相比。它是打开大门的钥匙，使人得以进入正法，它带领心看见经验的其他面向。

在他教学与训练学生的方法中总是潜藏着惊奇，完全符合变化与不确定的精神。他经常改变寺院中的路径；他不容易被定型或分类；他强调出家生活是最佳的修行方式，经常指出它的许多益处。但他也给予在家众深奥的教导，为所有真诚向法与努力修行者指出真实的一面，他在许多场合都说过，是否出家并不重要。他对待出家戒律的方式可能令人困惑，但遵照他的指导去修行，总能带领我们去直接体验并到达安稳处。

有时他说需要禅定（samādhi），并解释禅那（jhāna）的各个阶段。有时他则贬抑修止，警告它具有让人误入歧途的危险性。在他的禅修教学中，正念是核心。无论心是安定或激动，集中或分散，禅修者都能觉知它的情况，并看出它们生灭的本质，由此而洞见心理活动之外的东西。

内观诸法的三相——无常、苦与无我

当佛陀第二次说法教导《无我相经》时，他借由解释逐步内观诸法的三相——无常、苦与无我，而让五位弟子达到完全觉悟。这个教法的基础，是建立在指出"身心诸法皆为无常"的明显事实上。凡是无常的事物本质上皆是不圆满的，既是不稳定与不圆满，则不应将之视为自己或属于自己所有。经由数度问答，佛陀引导弟子们了解这点，并进一步解释如此洞见事物，将导致离欲与离染，使心解脱。

趋入这个洞见——从我们所经验的一切事物的不确定性开始，这是阿姜查的教学与训练主要强调的重点。这位历经无数法战的大师，以他的坚定不移提醒弟子们："它是无常的，它是不确定的。"来斩断他们的妄想与执著，无论是对外在世界、他们自己的身体，还是禅修的状态。虽然这些话连小孩子也会说，但当它们是出自净信的立场时，就成了鲜明的实相指标与解脱之道。

无常（anicca）通常被指为三相中的第一个，因为它是最明显的。事实上，阿姜查一再强调它是正见的基础和入道之门。他在提醒人们别把事情看得太认真时，以不确定性来说它，指出这个存在的特质：有上就有下，得与失是无法避免的，自己对什么是好或坏的想法常会改变，而这样的了解，可以为我们在日常生活的考验与禅修中带来平静。当一切都是不稳定的与不可信赖时，怎么能视它为真实的呢？让自己任由变化的现象摆布，并相信它们会带来快乐，这必然是灾祸的不二法则。

dukkha通常翻译成"苦"（suffering）。不快乐的经验，如爱别离、怨憎会、忧愁、疾病与死亡，都是苦的明显形式。它也是一切我们会经历的普遍与本具的不圆满；更具体地说，它是指立基于愚痴的经验，即相信事物真实、永恒，且是属于自我、构成自我或与自我有关的经验。根据佛教的教法，真正的问题并不在于自然或无法避免的事件，或于获得后失去，或于相会后分离，而是在于建立其上的心理活动。它们使痛苦加剧，而那是可以避免的。通过禅修中的思维与直接的领悟，人们会看见执著任何事物或经验，如何造成紧张、挫折与失望，因为没有任何东西是可以永远不变的。

无　　常

阿姜查也在四圣谛的架构中教导"苦"：苦、苦集起的因、苦灭，以及到达苦灭之道。他说："当你想要进入一栋房子时，你从门进去；而当你想要进入佛法时，则从认识苦谛进去。"他的教导有时可能因为提到"苦"而显得沉重，但他教导的是四谛，而非一谛。他提醒我们有个目标，有个可以一劳永逸的苦灭，对所有认真修行的人来说，活在解脱与安乐中确实是可能的。它是洞见诸法不圆满的本质，生活中积累的一切痛苦，会推动我们去找出解脱之道。这个洞见引领我们醒悟过去习以为常的生活方式，并看清事实，让我们对于世俗的诱惑得以离欲与离染。

阿姜查经常以最简单的方式说"无我"（anattā），从我们身体最清楚明白的事实开始。它们不听从我们的命令，且在最后抛弃我们。有时他强调它们如何受制于老、病与死，有时他说它们只是地、水、火、风四大的聚合体，其中找不到任何个人。如经典所说，凡是无常与不可信赖者，必皆具有不圆满的本质，因此当然不值得称之为"我"或"我所有"。

在教导禅修时，阿姜查反复谈到看见心理活动的生与灭，但是他补充说，此事犹有深意。在《森林中的法语》（*Being Dhamma*）一书中他说：

> 首先，我们必须看见心的本质是无常、苦与无我。不过，其实那儿根本什么也没有，它是空的。我们看见生与灭，事实上没有东西在生灭。我们是借由想象与概念而看见

生与灭。……它不只是生与灭而已，最后是要洞见你真正的心。你还是会经验到生与灭，但是你不会再陷入快乐之中，当然痛苦也无法再跟着你。

阿姜查告诉我们关于世间法缺陷的"坏消息"，并指出关键是"出离"，而他唯一的目的是解脱。如他所说，"供养、闻法、禅修，无论我们做什么，目的都只是为了增长智慧。增长智慧的目的是为了解脱，从一切因缘与现象中解脱"。

应机说法，使人深入思维

阿姜查从不根据书本、笔记或教学计划去教导。他总是即席说法，虽然有时发现对某些人无话可说，但他说那可能意味着他们之间不曾有过业的联结，或这些人并无听闻心灵教法的业因。谈到教法如何在他心中生起时，他引述佛陀的话。有次佛陀对弟子们开示，然后问他们是否曾听过这些话。他们回答以前不曾听过，佛陀说他也是第一次听到。

阿姜查不曾建议大量阅读或研究，尤其是对西方弟子们。"你们过去一直都在研究，到底它给了你们什么？"他质问我们。他经常说："如果你有学士学位，你是在学士层次上受苦；如果有硕士学位，受的便是硕士之苦；如果有博士学位，则是在博士层次上受苦。"由于他将自己的法喜注入于最基本的教导，因此有时他告诉人们的事，是他们并不想听闻的。

1979年他在马萨诸塞州"内观禅修中心"（Insight Meditation Society）时，有天晚上他作了一场重点大都集中在戒律上的开示。结束时，他为严厉地责备禅修者而道歉，并说："我并不想说这些事，但佛陀请我这么做！"紧张的气氛顿时瓦解，禅堂充满笑声。

弟子与访客们会向阿姜查提出各种事，从崇高的到古怪的都有。有些人想要讨论经典的微细观点，有些人想要辩论，有些人把他们大大小小的负担与忧虑摊在他的面前。他经常能避免争辩而直指要点，以一种非对抗的方式，把事情抛回给提问者作更深入的思维。

有个泰国人曾在阿姜查的主寺巴蓬寺（Wat Pah Pong）出家好几年，后来还俗，成为酒鬼与流氓，但仍会回来看他以前的住持。有天他宣布想要加入军队，加入斗争与杀戮的行列。阿姜查没有长篇大论地训诫他，他只说："嗯，如果对你来说，杀死不同政见者没有错，那么我想对对方来说，杀死你也没有错。"

许多在家人相信他拥有预测乐透号码的能力，因此总是直接或间接地请阿姜查报明牌。阿姜查并未针对此事的愚蠢训诫他们，他只是轻描淡写地说："如果我能预见号码，我会告诉亲戚们，好让他们都发财。我为什么要告诉你呢？"

阿姜查以一种对提问者最有帮助的方式回答问题。

例如，有次他在游方苦行时，单独待在荒废的寺院里。有天一些村民前来问他，他们是否可以采摘在那里长成的水果。阿姜查告诉他们:"诸位,我不是这地方的住持,我只是暂时停留在这里。我无法禁止你们采摘水果,但我也不能允许你们摘它。"

听到他的话,这些人踌躇不定。在相互讨论过后,他们最后说:"如果是这样,我们决定不摘水果。"然后便离开了。

森林传统艰苦的修行生活

阿姜查坦承自己初次成为禅修比丘,尝试调整苦行生活方式时遭遇的困难。在指导大众训练规则时,他对于那些难以适应单调而艰苦例行生活的人,表现出深刻的同理心。一天只吃一餐,比丘与沙弥们在凌晨三点起床。为了修禅,于黎明时徒步一两个小时托钵乞食,然后回来静坐,直到食物分配好后才开始用餐。由住持率先开动,然后挨着他一个接一个陆续启动,行伍末端的人们经常饥肠辘辘且口水直流地蠕动。阿姜查告诉弟子们,他也曾为僧伽戒律而在内心挣扎。

我会想:"哎!队伍前的比丘们为什么还不开始吃呢?那些家伙到底在想什么?"我会咒骂资深比丘们:"让我做一次长老就好!我会立刻开动,不让其他人如此等待!"

我经历过这种事。我坐在那里等待吃饭,并看着阿姜(ajahn,老师)。我望穿秋水,但他就是不吃。他在训练我们。他一定在和在家众说笑,我心里想:"嘿!我们就快饿死了!"有时我想:"如果我还俗,那一定是因为这件事!我再也无法待在这里忍受这件事。当我饥饿时,我需要吃饭。还是住在家里比较好……不管住在哪里都会比这里好。"

他偶尔会谈起巴蓬寺的早期,20世纪50年代的泰国农村,尤其是东北方,很贫穷且未开发,寺院的情况极度恶劣:缺乏粮食,必须涉过深水到村庄托钵,疟疾猖獗且无药可医,缺乏最基本的生活用品。有一年,一对夫妻有个侄儿住在阿姜查的寺中,他们决定剃度一起加入巴蓬寺。但他们发现生活太苦,于是很快便还俗回到城市中。阿姜查说到这个故事:

> 经历过寺院的情况,他们对禅修比丘的生活感到非常沮丧。在他们还俗之后,每当谈起我们在此地的生活方式时,那位女士便会开始哭泣。未曾身历其境的人不会了解。一天只吃一餐,是进步或倒退呢?我不知道怎么说它。
>
> 没有人来这里访问,连狗都受不了这里的生活。茅棚离聚会所很远,在一天结束,做完一切例行事务之后,我们分手进入森林中,回到自己的茅棚修行。那使得狗儿很没有安全感,因此它们会尾随比丘们进入森林中,但当僧人进入茅棚时,它们又被单独留下并感到害怕,因此它们会尝试跟随其他比丘,但那些比丘也会消失进入茅棚里。

对此，有时我想："连狗都受不了它，但我们还是住在这里！"非常极端。它也令我感到有些可悲。

但这样的苦行生活有其意义。当我们还不精通修行时，如果身体太舒适，心会失控。当火点燃并吹起风时，火势蔓延开来，房子很快便会被烧光。

阿姜查，与在他之前的阿姜曼（Ajahn Mun，1870—1950）的传承，被称为"森林传统"。不久之前，泰国有70%的土地是森林，而现在大约只有10%。阿姜查在世时眼看着森林逐渐消失，在森林寺院传统的许多利益与福泽中，他着眼于保护林区。他常赞叹森林中的单纯生活有益于禅修，有时还转为歌颂：

佛陀在森林中诞生。诞生之后，在森林中求法，也在森林中传法，从《转法轮经》开始，最后在森林中进入涅槃。

对于我们这些有志于这传统的人来说，最好去了解森林。住在森林中，并不表示我们的心会像森林里的动物般，变得狂野，而是可以提升与净化。住在城市里，我们生活在分心与骚乱中。森林中有安宁与宁静，我们可以清楚地思维事物并生起智慧，因此能以这安宁与宁静为自己的良师益友。这样的环境有助于修行佛法，因此我们以它为住处，以山林与洞穴为自己的庇护所。

观察自然的现象，智慧从这些地方产生。我们从树木与其他一切事物去学习与了解，它带来一种喜悦的状态。所听到的自然声响并不会妨碍我们，我们听到鸟儿随兴啼鸣，那其实是一种很大的享受。我们不会有任何憎恶的反应，且不会有伤害的念头。我们不会对任何人或任何事，发出粗鲁的言语或侵略的行为。听到森林的声音为心带来欢愉；虽然我们在听声音，但心是宁静的。

森林传统大师们的教学风格

阿姜查谈到他的老师们与森林传统的其他大师时，揭露了直接与单纯的共同特质。避开佛教术语，他们诱导听者自己去观察，使用的都是日常生活的事物与词汇。阿姜曼无疑是那时代最著名的禅师，且被公认复兴了森林寺院的禅修传统。阿姜查只和他相处了几天，但事后他总是说自己是阿姜曼的弟子："如果一个眼力好的人和某样东西靠得很近，他会看见它。如果他的眼力不好，则无论他在那里待多久都没有用。"阿姜曼对他的最大启示是心的本质，指出心本身与它的变化状态和活动之间的不同，[2] 本书便以这个解释作为正见的基础。

阿姜查经常重复讲述的故事之一是关于一个人决定"抛开一切"，如法而行。他卖掉家产，并让家人和他一起出家。他们先去印度朝圣，然后返回泰国随心灵导师修行。

由于阿姜曼是泰国最有名的禅师，因此他们前往他的寺院。抵达时，他们看见他和弟子们坐在一起，嘴里嚼着槟榔，有说有笑。这个人既震惊又失望，这并不符合他心目中上师应有的形象：他想到经书上说，佛陀从不大笑，只微笑而不露齿。于是他和家人离开阿姜曼，还俗并放弃求道。

另外两位阿姜查恭敬提及的老师是阿姜钦纳瑞（Ajahn Kinnaree）与阿姜通拉（Ajahn Tongrat，他的教学风格参见《一则"放生"的故事》[3]）。且还有传承的守护圣者，例如阿姜曼的老师与前辈——隐士阿姜绍（Ajahn Sao），他在阿姜查童年时，有次曾前往附近的森林暂住，阿姜查后来在那里建立了他的寺院。

"我的父亲去他那里闻法。我那时还小，但记忆一直烙印在我的心上。"阿姜查回忆道。

"父亲告诉我他如何前往礼敬禅师。那是他第一次看见比丘用钵吃饭，把所有东西全放进一只钵内——米饭、咖喱、甜点、鱼，各种东西。那令他好奇这究竟是哪种比丘。

"然后，他告诉我从阿姜绍那里听得的教法。那不是一般的教学方式，他只说他的内心之法。那是曾经一度来此停留的实修比丘。"

在阿姜查的寺院中，他强调让一切活动皆成为禅修；同样地，他指出教法随处可见，尤其，禅师所做的每件事都是在传法。在他非正式的教学形态中，阿姜查在开示中偶尔会穿插这些禅师的小故事：

请了解，生活中发生的一切事情都是为了训练与唤醒心。不管阿姜做什么，他的所有行为与话语，无论看似温和或严厉，都是为了这个目的，那都是在说法，但新人不了解这点。当我们说阿姜在传法时，他们心想那意味着他将升上高座讲话，传法的意思就是那样。然后当阿姜真的那么做，才刚开始念诵皈依佛，他们却睡着了！

过去我曾和阿姜钦纳瑞同住，我经常不了解他在说什么。每次有人做了什么不对的事时，他会大叫："喂！你正在堕入地狱！"当我们在吃饭时，他会说："喂！就是你，你刚堕入地狱！"我心想那是他的口头禅，我不知道他为何总是提到地狱。无论我们做什么，他总是说我们正在堕入地狱。但听了一阵子之后，我试着思维它的意义。这个地狱的说法是怎么一回事呢？"你刚堕入地狱！""小心！你正堕入地狱！"因此最后我去当面问他。

"哦！那意味着你正往那里走去，你正在制造苦因。别制造苦因！那是地狱的所在！那是你将堕入的地方。"

听到这些话，我终于了解：苦本身就是地狱。啊！但尽管事情如此清楚，我还是无法靠自己想通。苦就是地狱，正在犯错与为自己制造痛苦的人便是地狱众生。仔细想想，我能了解这就是地狱的所在。它是如此接近与立即。

阿姜绍与阿姜曼的资深弟子——阿姜通拉，他的话语与行为经

常让人感到突兀，以不落俗套而闻名。阿姜查以他为直指事物核心的范例，且阿姜查寺院的生活方式，绝大部分是仿效阿姜通拉的方式而制定。

　　阿姜通拉教导得不多。他总是告诉我们："小心！真的要小心！"那就是他的教导方式。"如果你不是真的很小心，将会自食其果。"事实的确是如此。即使他不说它，它也依然是如此；如果你不小心，你将会自食其果。

　　对于老师传法的方式，我们通常是不知不觉。有次阿姜通拉和一群比丘走在一起。他看见一头公牛在路边吃草。他说："啊！这头母牛正在路边吃草！"比丘们很惊讶，他们心想阿姜通拉可能误将公牛看成母牛了。

　　他们往前走了一阵子，忽然他说："喂！你们有看到那只母牛在吃草吗？"比丘们可能以为阿姜糊涂了。他们不了解他正在教导某个观念。具有智慧者在听到这些话时将会了解，牛既非"公"也非"母"，如此称呼它们只是世俗的惯例。但我们设想它们为公或母之后，便执著此事为究竟真实。

　　你们或许不觉得，但我们就是如此。例如，当你们看见一个女人，你的心朝一个方向转变。如果看见男人，你们的心朝另一个方向反应，而如果你们看见年轻人，它又会朝另一个方向转变。这是不折不扣的痛苦之道。你贪爱年轻而憎

无　常

恶年老，贪着美丽而对平庸或丑陋的人不感兴趣。心就是如此不断地制造业与苦。

因此即便在走路，阿姜也在教导我们。当他说各种事时，他都是在教导我们。我们应该了解这点，并觉知佛法。"法"无处不在。

后　语

关于术语的补充说明：巴利语是上座部经典的语言，但对于西方读者熟悉的某些术语，此处也采用它们的梵文版本；因此，以 dharma 取代 dhamma，nirvāṇa 取代 nibbāna，karma 取代 kamma。在其他的例子中，则以巴利语为准。书末列出词汇表以供参考。

序言引用的教导译自录音带，录自 20 世纪 70 年代我在场或由其他阿姜查弟子提供的正式与非正式谈话。书中的教导都是撷取自以泰语和寮语讲述的 150 卷以上的录音带收藏品，它们都是历经时间与热带气候的摧残而幸存下来的。那些谈话的对象包括出家众与在家众，在阿姜查的寺院、泰国其他地点与英、美等地。

有些章节提到关于阿姜查与其弟子的逸事。它们不是以第一人称的叙事方式表述，而是在标题中挂上他的名字，例如"那也很好——阿姜查的见解"。

在换算佛历时出了一个错误，导致阿姜查的出生时间先前被说为 1919 年，它应该是 1918 年。

编　注

[1] 佛教用"指"比喻语言文字，用"月"喻佛法真谛。见《楞严经》卷二："如人以手，指月示人。彼人因指，当应看月。若复观指以为月体，此人岂唯亡失月轮，亦亡其指。"

[2] 有关阿姜查与阿姜曼相遇的最重要描述，请参见《关于这颗心：戒·定·慧》，页 8～10（海南出版社，2008）。

[3] 见本书第二部第四节。

第一部 正见

01　了解心

在禅修中，我们努力增长正念，以便能不断觉知。以精进与耐心去做，心会变得稳固。然后无论我们经历何种欲境，不管是可爱或可憎的，无论是欢喜或沮丧反应的心境，我们都将清楚看见它们。境是一回事，心是另一回事，它们是分开的两件事。

认出境是境、心是心
才会获得自在

我们为某事触心而感到高兴时，便想要追求它。当某事令人讨厌时，便想要避开它。这是没有看见心，而去追逐外境。境是境，心是心。我们必须区分它们，认出心是什么，境是什么，然后我们才会自在。

当我们因某人严厉的对话而感到愤怒时，那意味着自己被外境迷惑而跟着它们走；心被外境攫获而随情绪流转。请了解，我们经验到的这一切外在与内在事物都只是假象而已。它们一点也不确定、不真实，追逐它们，会使我们迷失自己的方向。佛陀希望我们禅修并看见它们的实相——世间的实相。世间是六欲境，欲境即是世间。

若我们不了解"法"，不认识心，也不认识境，则心与它的对象就会混在一起。然后便会经历苦，并感到心是痛苦的。我们感到心在游移，不受控制地经历各种不快乐的情境，变成各种状态。事实并非如此，没有许多的心，只有许多的境。若不自觉，不认识心，便会随着这些事情流转。人们说"我的心不快乐"，或"我的心散乱"，但那并非事实。心不是任何事，烦恼才是。人们以为心不舒适或不快乐，但其实心是最舒适与最快乐的东西。当我们经历各种不圆满的状态时，那不是心。记住这点：当你以后经历这些事时，记得阿姜查说"这不是心"。

真实的心
是光明与清净的

我们正在练习达到心——"本心"（the "old" mind）。这本心是不受条件制约的。其中并无好或坏、长或短、黑或白。但我们却不满足于维持这颗心，因为我们并未清楚看见与了解事物。

"法"超越世俗心的习惯。在我们训练良好之前，可能会将正确误认为错误，而将错误误认为正确。因此，需要闻法以增进对"法"的了解，以便能在自己心中认出"法"来。愚痴在心中，理智在心中；黑暗与迷惑存在心中，光明与智慧也存在心中。

就如你屋里有沾满灰尘与油脂的脏盘子或脏地板，使用肥皂与水便能清除污垢。当污垢去除时，你就会有干净的盘子或清洁的地板。在此，被染污的事物是心，当我们正确修行时，就如将脏地板弄干净般，会发现一种清净的事物。当擦掉污垢时，清净便会显现，它只是受到尘垢的遮蔽而已。

自然状态下的心——真实的心，是稳定与无染、光明与清净的。它是因为遇到欲境，受到好恶的影响，才被蒙蔽或污染。心并非原本就不净，而是因为不如法而行，才会让外境有染污它的机会。

本心的本质是不动摇的、平静的。我们不平静是因为受到欲境刺激，以致成为后续变化心所的奴隶。因此，真实修行的意思是设法返回本来的状态——"本源"(the old thing)。它是找到我们的老家，不随各种外境而动摇与变化的本心。它原本便是究竟寂灭，是我们本自具足的。

第一部　正见

02　了解境

不平静的因就在我们心里，当受到内、外境迷惑时，它们便会显现，我们必须做的是依据正见去训练心。因为我们并未正确地看见，所以才会走上另一条路，因而经历各种诸如太短、太长或太什么的事。"正确"意指在我们的一切经验——身与心中，看见无常、苦与无我三相。

以离欲与离染的态度对待五蕴

一切事物皆如实呈现真谛，但我们有成见与偏爱，总希望它们如自己所愿。我们正在练习变得如佛一般，成为"觉世间者"，世间不过是这些境如实相续而住而已。

心的对象生起时，无论是内在或外在，都是欲境或心理活动。这个觉知境者——嗯，无论你想如何称呼它都好，你可称它为"心"。境是一回事，而觉知它者是另一回事。一如眼睛与它所看见的形色，眼睛并非形色，形色也非眼睛。又如耳朵听到声音，耳朵不是声音，声音也非耳朵。当两者接触时，事情就此发生。

我们应以离欲与离染的态度，对待眼前这堆积聚物——五蕴（khandha，色、受、想、行、识），因它们并不遵从我们的意愿，我认为如此或许便已足够。若它们侥幸存在，我们不应太高兴而忘了自己；若它们瓦解，我们也不应太难过，能看清这点应该就已足够。

无论我们修观或修止，像这样便是如实修行。但今日，在我看来，佛教徒根据传统解释谈论这些事时，它却变得模糊不清。实相并非模糊不清，它始终如实存在。因此，我觉得最好找出源头，观察事物在心中生起的方式。这并不那么复杂。

众生其实并无主人
支配我们生命的是自己

经上说："此世间众生，受制于老与无常，无法持久。""众生"就是指我们，我们被称为"人"，也有和我们不同的生命，例如家畜与家禽等畜生。但对一切众生而言，衰老——身体各部的衰败，是他们存在的事实。这些事物一直在变化，它们并无存续的自由，一定得依循有为法（saṅkhāra）的方式来进行。众生世间便是如此，我们发现自己一直都不满足，爱恨情仇从不曾带来满足。我们从不觉得自己拥有的够多，反而一直有种受阻的感觉。

简而言之，就如俗话所说，我们是不懂得满足、不满意存在现状的人。因此，我们的心就如一头不满意自己尾巴的牛般，无尽地摇摆，一直随着所遭遇的各种现象而变好或变坏。心的不稳定，使我们无论经历什么，都一直处于这不满足的状态，变成欲望的奴隶。

身为奴隶是一种很痛苦的状态，奴隶必须永远服从主人，即使牺牲生命也是如此。但由于渴爱，我们一直热切与心甘情愿地遵从它的命令。我们因为珍爱自我的习惯，所以才会受到奴役。

这个世间的众生其实并无主人。支配我们生命的是自己，因为只有我们有权决定行善或行恶，无人能代替我们这么做。

这世间的众生本身什么也没有，没有任何东西属于任何人。以正见看清这点，我们就能放松执著，让事物顺其自然。来到世间并了解它的限制，我们做该做的事；以修行波罗蜜（pārami）为己任，自利利他。

03　法尔如是

"法"在哪里？整个"法"当下便与我们同在。无论你经历什么，法尔如是。当你变老时，别以为那有什么错；当你背痛时，别以为那是某种错误；若你痛苦，别以为那错了；若你快乐，也别以为那错了。

别执著任何情况
只要如实看清它们

这一切都是"法"。痛苦就只是痛苦，快乐就只是快乐；热就只是热，冷就只是冷。并非"我快乐，我痛苦；我很好，我不好；我得到，我失去"。有什么东西是能被人失去的呢？什么也没有。

获得是"法"，失去也是"法"；快乐舒适是"法"，局促不安也是"法"。意即别执著这一切情况，只要如实看清它们就好。若快乐，你了解："啊！快乐是无常的。"若痛苦，你了解："啊！痛苦是无常的。""啊！这真好！"——这是无常的；"那不好，真糟糕！"——这也是无常的。它们有其限制，因此别抓得太紧。

佛陀教导无常，这是事物的实相——它们不遵从任何人的意愿。那是圣谛，无常统治世间，唯有这是恒常的。我们在此受到迷惑，因此这是你应切入观察的重点。无论发生什么事，都要如实地认识它。法尔如是，它不停移动与变化，我们的身体就如这般存在，一切身与心的现象都如是存在。我们无法阻止，它们不可能停止。

注意当下
随时都在遇见"法"

不停止，显示出它们无常的本质。若我们不和这事实抗争，则无论身在何处，都会很快乐。无论我们坐在哪里，或睡在哪里，都很快乐。即使当我们老了，也不会有什么问题。当站起来感到背痛时，你心想："哦！法尔如是。"它本来就是如此，因此无须和它抗争。当疼痛停止时，你可能会想："啊！好多了。"但它并没有比较好，你还活着，因此一定会再痛。

它本来就是如此，因此你必须持续把心转向这个思维，别让它从修行中退却。持续安住于当下，别太相信世事；要转而相信"法"，生命就是如此。别相信快乐或痛苦，别跟着世间事物团团转。

有了这样的认识，今后无论发生什么事都别太在意——没有什么事是永恒的或确定的，这世间就是如此。从此之后我们有一条道路，一条可处世与自保之道。秉持自己的正念与正知，具备包容一切的智慧，此即和谐之道。并无任何事能欺骗我们，因为我们已进入这条道路。经常注意当下，我们随时都在遇见"法"。

第一部 正见

04　看穿事物——阿姜查的修行

阿姜查在修行上有一种勇往直前的特质。他不会从任何困扰自己的事物中退缩。怕鬼（在泰国非常普遍）的他前往墓地待了一夜，他在那里吓得隔天早晨尿血，但是隔夜仍再度待在那里。[1]

他对于自己的弱点毫不隐瞒。当他还是年轻比丘时，性欲对他是个大问题，"当我独自在森林中修行时，有时会看见猴群在树上而生起欲念。我会坐在那里观看与想象，我会有欲望：'和它们混在一起，变成猴子也不坏！'这便是性欲的本事——连猴子都能让我兴奋。"

被欲望折磨时，阿姜查会将袈裟卷起系在腰上练习行禅[2]。有时他无论走到哪里，都看见女性生殖器，但他并不屈服；[3]反之，他思维那是过去世与异性交合所留下的残影，而在此世便要将之作个了结。他会看穿事物，所持的态度是：再也无其他地方与时间能做这件事。而且他常说正因为自己烦恼炽盛，才能生起智慧。

编 注

[1] 有关阿姜查在墓地修行的详细情况，请参见《关于这颗心：戒·定·慧》，页199～203（海南出版社，2008）。

译 注

[2] 行禅即是在行走时修习禅定，禅修者选择一条步道，来回缓步慢行，这种修法能发展觉知的平衡性、准确性与专注的持久性。它是由注意走路的每个步骤所组成，通常分成六个步骤：（一）抬起脚；（二）伸出脚；（三）脚向前移；（四）脚向下放；（五）脚踏在地面；（六）脚向地面压下。接着跨出第二步。

[3] 阿姜查谈到这段经历时曾说："不论是在坐禅或经行，心中不断浮现女性的生殖器官，性欲强到无法招架的地步，……使我无法经行，因为阴茎一碰到袈裟就起了反应，我于是请求能在森林深处无人看到我的地方，清出一条经行的步道。在幽暗的林中，我将下裙（袈裟）卷起系在腰上后,再继续行禅。"（《香光庄严杂志》第65期，页90）

05　佛与菩萨

你可以说我们是努力成为"觉有情"——菩萨——的有情。世尊过去也是如此做。

心被贪、瞋、痴遮蔽时,即是有情;但当心中有慈、悲、喜、舍等"梵住"(brahmāvihāra)[1]时,则我们便可称为"大士"(mahāpurisa)或"菩萨"。即使没有这些特质的众生,也可开发它们而终于达到觉悟。成佛者,在过去也只是一个凡人,但他努力修行,使自己成为一位大士——充满梵住者,因而称为"菩萨"。然后通过他的持续思维,以觉悟圣谛,觉悟无常、苦与无我的实相,他达到圆满智慧并成正觉。因此,别以为只有一个佛陀,那个佛陀事实上是真实法(saccadhamma)——真谛,任何觉悟它者皆是佛陀。也许有数百个或数千个佛陀,但他们都将遵循具足正见的相同道迹。

是的,有一个佛陀,这意指正见,凡是有此觉悟者皆与佛陀无异。因此,佛陀与有情众生并非截然不同,这是必须自行在内心证悟的事。证悟本心的实相,我们将了解它难以言传或给予别人,也无任何方式可展示它，它无从比拟，超越言语概念。教导别人，我们得依凭外在事物去传递观念，但证悟实相，则必须靠每个人自己去完成。

译 注

[1] "梵住"一词可解释为心的超越、崇高的状态，或似梵、似天的住所，即指慈、悲、喜、舍四无量心。这四种心与瞋心并不相容，类似没有瞋恨的梵天。精进地培养这四种心的人，就达到等同梵天的境界，死后也能投生到相应的梵天界。

06　如实观

佛陀教导我们观察一切出现的事。事物不会停留,有生便有灭,灭了再生,生了又灭。但迷惑无知者不希望它如此。若我们禅修并变得寂静,就会希望一直维持,且不希望有任何干扰。但那是不切实际的,佛陀希望我们先观察事实,并知道它们是虚妄的,然后才可以真正拥有寂静。当不知道它们时,我们自以为是它们的主人,便落入我见的陷阱。

无常、不确定
即是真谛

因此,我们必须回到源头,找出它变成那样的原因。我们必须如实了解事物,了解它们接触心与心的反应方式,然后才能得到平静。这是必须审察的,若我们不希望事物依其自己的方式发生,就无法拥有平静。无论我们逃到哪里,事物还是会像那样发生,这是它们的本质。

无　常

简单地说，这是真谛。无常、苦与无我是现象的本质。它们什么也不是，就是这样，但我们给事物过多的意义，超过它们真实所拥有的。

要让智慧生起，其实并不那么困难，它的意思是寻找因并了解事物的本质。心不安时，你应该了解："这是不确定的；无常！"心平和时，别沾沾自喜："啊，真平静！"因为那也是不确定的。

当某人问："你最喜欢哪种食物呢？"别太认真。若你说真的喜欢什么食物，那能算数吗？试着想一下——你如果每天吃它，你还会那么喜欢它吗？你可能会说："嘿，老兄，别再来了！"

你了解这点吗？你到头来会厌倦所喜欢的那件事。那是因为事物的变易性，这是你应知道的。欢乐是不确定的，痛苦是不确定的，喜欢是不确定的，安定是不确定的，不安也是不确定的，一切事物无疑都是不确定的。因此，无论发生什么事，我们都了解这点，而不会被任何事左右。所有经验毫无例外都是不确定的，因为无常是它们的本质。无常意指事物是不稳固的，简单地说，这个真谛便是佛。

无常、不确定，即是真谛。真谛明摆在眼前，但我们却不好好地将它瞧仔细。佛陀说："见法者即见我。"若我们于一切事物中，看见无常——不确定的本质，便能达到无欲与出离："哦！这不过如此。啊！那不过如此。每件事其实都没什么大不了，它不过如此而已。"心逐渐安住于此："它不过如此而已，啊哈！"了解这点之后，我们无须在思维中勉强做什么事。无论我们遇到什么事，心都会说："它不过如此而已。"它便会停止，就此了结。

不稳固与无常的事一如热铁球
有哪处摸了不会烫？

我们将了解一切现象都只是假象，没有任何事是稳定或恒常的，反之，一切事物皆不停地变化，且具有无常、苦与无我的特性。就如一颗已在炉中被烧得火红的热铁球，它哪一部分会是冷的呢？若你愿意，试着摸摸看，摸顶部它是热的，摸底部是热的，摸旁边也是热的。为什么它是热的呢？因为它是周身通红的铁球。若了解这点，我们就不会去摸它。当你感到"这真好！我喜欢它，让我拥有它"，此时别信以为真，别把它们太当真。它是个热铁球。若尝试摸它任何部分，或想要拿起它，一定会被烫到，你会经历皮开肉绽与流血的许多痛苦。

无论行、住、坐、卧，应随时思维这件事。即使当我们在洗手间，或去某地，或在进食，或吃饱后在排泄时，应了解所经历的一切都是不稳固与无常的，它同时也是不圆满与无我的。不稳固与无常的事是不确定与虚幻的，它们无一例外，都是不真实的。就如热铁球般——有哪处是摸了不会烫的呢？它的每个部分绝对都是烫的，因此别自讨苦吃。

这不是太难训练的事。例如，父母警告小孩不要玩火："别靠近火！它很危险，你会被烧到！"小孩可能不相信父母或不了解他们在说什么。但只要他摸过一次并被烧到，从此之后父母再也无须解释或试图控制他。

无论心受到多少诱惑或被何事所吸引，你都必须持续提醒它："它是不确定的，它是不永恒的！"你可能得到一些东西，例如玻璃杯，并开始想它有多漂亮："多好的杯子，我将妥善保管它，以免它被打破。"此时你必须告诉自己："它是不确定的。"你可能拿它喝水，并在放下时，一不小心便将它打破。

若今天没破，它将在明天破掉；若明天没破，它将在后天破掉。一定会被打破的东西是不值得你信赖的。

无常是真实法，事物是不稳固与不真实的，关于它们没有什么是真实的，只有这事实是真实的。你对此有异议吗？它是最确定的事：出生之后，一定会衰老、生病与死亡。这是恒常与确定的实相，这个恒常的真谛奠基于无常的真谛之上。以"不永恒，不确定"的标准彻底检视事物，人们将能扭转某事恒常与确定的惯性，然后便可不用再担惊受怕。

心如实认知事物
知道它们是不确定的

佛陀的弟子们已觉悟无常的真谛，他们由觉悟无常，体会到厌离。厌离并非憎恶，若有憎恶，就不是真的厌离，也无法成为解脱道。厌离并非世俗方式的厌世，例如当与家人不睦时，我们或许以为自己真的变成如教法所说的出离，其实不然，那只是我们的烦恼增加，并压抑了心。"我真的受够了——我要抛开这一切！"这是出自烦恼的厌离,实际上是你的烦恼变得比有厌离想法之前更严重。

这就如同拥有"慈心"的观念,我们自以为对人们与一切众生具有慈心。因此告诉自己:"我不应对他们有瞋恨,我应感到慈悲。真的,有情众生是可爱的。"你开始对他们有感情,最后演变成贪爱与执著。小心这点!它不只是我们平常所说的"爱",这不是如法的慈心,而是掺杂我见的慈心。这类似一般的"厌世":"啊!我真的彻底厌倦它了,我要跳脱出来!"那是不折不扣的大烦恼,而非出离或离欲,只是空有其名而已,并非成佛之道。若它是正确的,就应有舍——没有憎恶与攻击,不会对任何人造成伤害。他不会抱怨或挑剔——只将一切视为空的。

那个空意指心是空的,是对事物不执著的空,并非一切皆无,没有人或外境。有空的心,有人与物,然而心如实认知它,知道某事是不确定的。事物被如实照见——依循它们的自然规则进行生与灭的律动。

例如,你可能有只花瓶,觉得它是很棒的东西,但从它的角度而言,它是无差别的存在。它不言不语,只有你一相情愿地对它有感觉,并爱得死去活来。若你不喜欢或讨厌它,它并不会受到影响,那是你的事,对它毫无差别,是你有好恶的感觉并执著它们。我们判定各种事物是好或坏,"好"扰乱我们的心,"坏"也是如此,两者都是烦恼。

我们无须逃往别处,只需要检视与观察这点。这是心的实相,当我们讨厌某样事物时,那对象不会受到影响,它还是如实存在。

当喜欢某样事物时,它不受我们的喜欢影响,它依然如实存在。我们只是使自己疯狂,如此而已。

你认为一些东西很好,你看其他东西很伟大,但这些观念都只是你的自我投射而已。若你觉知自己,将了解这一切事物都是平等的。

一个简单的实例是食物,我们觉得这种或那种食物很好。当看见桌上的佳肴时,我们觉得它们很吸引人;一旦它们通通进了胃里,那就另当别论了。但我们看着不同的盘子,并说:"这盘给我,那盘是你的,那盘是她的。"当我们将它们吃下肚并从另一端排出的时候,大概没有人会争夺它,并说:"这是我的,那是你的。"难道不是这样吗?你还会占有它并贪爱它吗?

这是简短与简单的说明。若看清楚并下定决心,一切事物对你都将具有相同的价值。当我们生起贪欲,并以"我的"与"你的"等方式去思考时,一定会陷入冲突。但当以平等心去看事情时,就不会认为它们属于任何人——它们只是如实存在的因缘法。无论所吃的食物多么精致,一旦排泄出来后,没有人会将它捡起并认为它有什么了不起,没有人会抢夺它。

了解一切皆无常
就能放下事物

当我们了解此一平等法——一切存在皆具相同本质的时候,我们会松开执著,放下事物。我们看见它们是空的,内心平静,对它们不会有爱或恨。经上说:"涅槃是无上乐;涅槃是毕竟空。"

请仔细聆听此事。世间的快乐并非无上与究竟的快乐,我们臆想为空的事不是无上与毕竟的空。若它是毕竟空,就不会再有贪爱与执著;若它是无上乐,就会有平静。但我们所知道的平静并非无上的,快乐也不是无上的。如果我们达到涅槃,则空是无上的,快乐也是无上的。其中有个转化,快乐的特质被转化为平静,有快乐,但是我们不会赋予它任何特殊意义;也有痛苦,当这些事发生时,我们平等视之。它们的价值是相同的。

喜欢与不喜欢的感官经验是相等的,但当它们触及我们时,我们却不平等视之。若事情令人高兴,我们喜不自胜;若令人难过,则巴不得毁了它。因此,它们对我们而言是不同的,但事实上它们是相等的。我们必须如此修行:它们在不稳固与无常这件事上,是平等的。

这就如食物的例子。我们说这种食物很好,那盘食物很棒,另外那盘极妙。但当它们最后进到肚子里然后排泄出来时,则通通都一样。那时你不会听到任何人抱怨:"我怎么分到这么少?"那一刻我们的心对它并无染着。

若我们并未证悟无常、苦与无我的真谛,则不会有痛苦的止息。若保持正念,则随时都可看见它。它就存在于身心之中,我们不难看见它,可以在这里找到平静。

07　那也很好——阿姜查的见解

西方人最初抵达巴蓬寺的时候，由美籍僧人苏美多比丘（Sumedho Bhikkhu）担任他们的翻译与顾问。几年后，苏美多前往印度，之后由一位随阿姜查学习一年多的年轻美籍僧人接替他的翻译工作。有天一些乌汶（Ubon）美国空军基地的摩门教徒请求在他们的教堂举办一次佛教讲座，这份工作就落在这位年轻的译者身上。

阿姜查那天下午本来要亲自前往，但因故取消，他敦促该比丘前往。"你听过'应急的医生'吗？"他问。比丘说没听过。

阿姜查继续说："有真正的医生与应急的医生。真正的医生上过医学院，受过完整的医师训练。但当附近并无这样的医生，就如在此地的乡下地方时，必须有人替补。他要会打针、清理伤口与开药——那就够了。那是应急的医生。"

于是这位比丘只得硬着头皮上场授课，他的同行比丘们则从旁协助并帮忙回答问题。那晚回到寺院，当他在行禅时，谈话的话语持续在脑海回绕，隔天他对阿姜查提起此事。"我的谈话彻夜萦绕不休！"他告诉他。

阿姜查笑了，并且说："哦，那也很好（他的惯用语之一）！它正在让你看见无常、苦与无我。"

08　佛陀的灵感

佛陀在觉悟前，如此寻思推求：有黑暗，就有光明；有热，就有冷；有生与死，也必有超越生与死的状态。他不好高骛远，就只思维这么多。他真心诚意地根据这见解修行，不走捷径。

佛陀专注于修行，从不退却，因为他心中有这种确定感，既然有黑暗，就一定有光明；有喜悦与快乐，就一定有哀伤与痛苦；有热，就一定有冷可以解除它；有出生，则无疑就应有无生以对治它。有了这个想法，令他感到笃定。没有人告诉他这点，这是他过去世修行圆满所产生的心态与性格。

有了这样的见解后，他离家苦行6年，精进修行毫不退缩与松懈，顾不得疲劳与艰辛。他希望正本清源："事物来自何处？痛苦从何而来？"他持续不断地观察，直到了解它来自于"生"。我们因"生"而痛苦。

"生"从何而来？它来自"取"，他便专注于执取。生、老、病、死、忧、悲、苦、恼都随它而来，这就是轮回。[1]

有"生"，而"生"是各种痛苦产生的因。因此，若有"生"，那是否有个"不生"之处呢？他进一步思维此事，并断定确实应该有：有热，就有冷；有乐，就有苦；有乐与苦，就一定有个超越苦与乐之处。有生与死的领域，无疑地，一定有不生与不死，他逐渐相信此事并决定证悟它。最后他觉悟到：知苦、知苦因、知苦灭与知苦灭之道，是觉者——圣者（Ariya）之道。无须懂得太多，只有这是必须知道的事。这是"道"，所有人都必须遵循的道路，修行者无须另觅蹊径。

译 注

[1] 此即十二缘起："无明"缘"行"，"行"缘"识"，"识"缘"名色"，"名色"缘"六入"，"六入"缘"触"，"触"缘"受"，"受"缘"爱"，"爱"缘"取"，"取"缘"有"，"有"缘"生"，"生"缘"老死"。

09　放宽视野

有天一个猪农来看我,向我抱怨他的事业:"天啊,这个年头真难过!饲料的价格上涨,猪肉的价格却下降,我快要破产了!"

听完他的怨言,我说:"先生!别为你自己感到太难过。若你是一只猪,那才真的要为自己感到难过。猪肉价格高时,猪要被屠宰;价格低时,仍要被屠宰。猪才真的该抱怨,人们没什么好抱怨的。请认真想想此事。"

他只担心得到的价钱,猪却有更多要担心的事,但我们却不会想到那点。我们不会被宰杀,因此总会找到方法渡过难关。

10　佛陀的追寻

佛陀刚开始追寻解脱时,找到当时最著名的一些老师。首先他去参访沙门阿罗逻(Āḷāra)[1],他看见他和弟子们正在入定,心想那可能会带来安稳,便观察他们如何打坐:盘腿、挺直身躯与合眼。他从未看过这种事,那令他印象深刻。他请求待在那里,并精进地学习与修行——专注于呼吸。

四禅八定
并非通往离苦之道

但他最后了解到一个重要的事实,那并非一条可解脱痛苦的道路。为什么?因为他观察自己的心,看见在出定后,它会开始思考与漫游,它还有一些残余的习气,会到处引生事端,因而明了自己仍要继续努力。在阿罗逻处逗留一段时间后,他继续自己的追寻。是的,那是一条道路,但并非通往离苦之道,因为心仍继续贪取。

他继续去会见下一个老师——郁陀迦（Uddaka），并修习四禅八定，达到一种极微细的心境——"非想非非想处定"[2]。他能在这个定境中维持很长的一段时间，但最后再度了解，它并非正确之道，因为当他回到平常的状态时，心又回到它的老习惯，背起旧包袱。

这还是禅定的层次，是定的本质。无论心变得多么微细，有微细就意味着也有粗糙。所以慧便由此开始生起：人们可达到这些极端微细与深奥的境界，但耽溺于这种禅悦，却也创造了粗法生起的可能性。

以"观"证悟三相
如实了知事物

佛陀更深入观察，他了解若继续处于这种定境，将无法成为"战胜烦恼者"（Jināsava）。不可能了结诸法，若有"生"，接着就会有无尽的老、病与死；他也了解贪爱是此事的因。他清楚地审视，直到达到出离与转向。他看见过去无始以来，自己一直在三界中浮沉，至今犹处于这大苦海中，永无止境。即使得到世间一切财富与享受，他仍会痛苦。如今他对此非常确定，在心中看见无常、苦与无我，看见诸法有生必有灭。

他继续如此修行，也对此越发确定。他达到四禅八定，但智慧仍未生起。若要有智慧，就必须要有"观"（vipassanā），意即如实了知与放下——放下粗与细。

要达到不再有粗细余习的境界，他该如何做呢？应如何修行？他持续思维，观察心的一切对象，让一切境接触心，并看见它们都拥有三相——无常、苦与无我。这是观禅的对象，它们让心能如实地看见事物。

了解这点之后，当现象出现时，他不追逐它们。他保持不动，以此抉择事物。他以"观"的方式证悟这三相，当任何事物接触心时，都据此加以抉择。他如实了知事物，因此不执著它们，而如此修行也成为没有贪爱的因。

译 注

[1] 佛陀证悟前，曾先后随阿罗逻与郁陀迦学习，他们是当时印度数论派的先驱，教示以苦行或修定为主，最终以生天为目的。佛陀依阿罗逻的指导，达到无所有处定；依郁陀迦的指导，达到非想非非想处定。

[2] 非想非非想处定属于无色界定的一种。禅修者在入于无所有处定之后，会发现这心念很粗，而想要超过无所有处之想，以及识处以下所有想，故名"非想"；但此境界又并非如无想定与灭尽定，一切诸想皆悉灭尽，仍有微细想，缘无相境转，故名"非想非非想处定"。

第二部
无常

01 调伏我们的心

无论出现何种心境——快乐或不快乐，都别在意，我们应经常提醒自己："这是不确定的。"

人们通常不太考虑"这是不确定的"，但唯有这才是智慧生起的关键因素。要想停止我们的来去并得到歇息，只需要说："这是不确定的。"有时我们可能心烦到掉泪；那是不确定的事，当贪或瞋的情绪出现时，只需要提醒自己这件事。无论行、住、坐、卧，不管出现什么事都是不确定的。你难道做不到这点吗？无论发生什么事都持续如此做。试试看！你不需要太多东西——只要这个就能发挥作用，它会为你带来智慧。

我禅修的方式不是很复杂——如此而已。将一切都归纳到"它是不确定的"，一切事物皆会聚于此。

你无须注意各式各样的心理经验。当坐禅时，可能会出现各种心情，看见与认识各种事，体验各种状态。别注意它们，且别卷入其中。你只需要提醒自己它们是无常的，这样就够了，这很简单，很容易做，然后就可以不管它。智慧自然会生起，但届时别过度勉强了解或执著它。

对事物的这个了解永远都是及时与适当的。无论何时,都是无常在做主,这才是你应该禅修的事。

智者真实与正确的箴言绝对少不了提到无常,若未提到无常,就不是智者之言,也不是觉者之言,它就被称为不符合真实法的言论。

在我看来,一旦我们拥有正确的认知,便能调伏心。这调伏的指令是什么呢?是无常,是了知一切事物都是无常的。一切事物在我们清楚看见的当下止息,并成为我们放下的因,然后我们让事物如实存在。若事情未发生,我们便安住于舍;若有事情出现,则思维:是它造成我们有苦的吗?我们是否以贪取心执著它呢?那里有什么吗?此事支持与维系我们的修行。若我们修行并达到这点,我想每个人都会了解安稳的真实义。若达到这个洞见实相的境界,我们会成为单纯与无欲的人,满足于所拥有的事物,容易沟通并谦和有礼,没有难题或麻烦,而会活得很自在。一个禅修而心获得寂静的人,将会是如此。

02　许多烦恼——阿姜查在说笑

阿姜查反复谈到"不确定",他也设法确保寺院中的生活反映存在的实相,弟子们学习不执著惯例、期待、财物,甚至不执著阿姜查而生活。

在晚年,随着阿姜查的步履变慢,他会去最接近寺院的村庄托钵。通常在僧侣们鱼贯进入村尾,最后的施主布施完米饭时,一个沙弥或年轻比丘会接过他的钵,多数随行人员会继续前进,在经过他时微微低头鞠躬并合掌致敬。他经常由一位年长的比丘陪同,但偶尔也会独行。有时当你低头通过时,他会叫你的名字,这时你要亦步亦趋地跟在他后面。

在一个这样的早晨,他开始问我关于曾待过的分寺住持们的情形。当我们谈到阿姜悉努安(Ajahn Sinuan)——一位资深弟子,现在是拥有自己寺院的住持,曾是阿姜查喜爱的代人受罪者之一时,我说我最后觉得阿姜悉努安有点懒惰且喜欢游荡,和他所自称精进行者的声明全然不符。

"对,"阿姜查说,"跟我一样……我有许多烦恼,我喜欢闲荡。"

我了解他是在逗我,但听到这番话我还是很惊讶,不知说什么才好。接着阿姜查把头靠向我,压低嗓音煞有介事地说:"听着!我正打算还俗,我要你帮我找个好女人。"

03　它是无常的、不确定的

我们把焦点放在当下之法上,在此可以放下事物并解决困难。就是现在、目前,因为现时兼具因与果,现在是过去的果,也是未来的因。我们现在坐在这里是过去所造的果,而现在所做的事则将成为未来经验的因。

清楚觉知当下
了解一切事物都不确定

因此,佛陀教导我们抛开过去与未来。所谓抛开并非指真的把什么东西丢掉,而是持续处于当下这一点——过去与未来的交会处。因此,"抛开"只是一种表达方式;真正要做的是清楚觉知当下,在那里可找到各种因与果。我们观察当下,并持续看见生与灭、灭与生。

我一直说:现象出现在当下时刻,但它们是不稳定与不可信赖的。但人们并不真的关心它,很少如此看待。无论发生什么事,我都会说"啊！这是无常的"，或"这是不确定的"。这非常简单。无论发生什么事都是无常与不确定的，但我们未看见或不了解这点，因而变得疑惑与苦恼。我们反而在无常的事物中看见恒常，在不确定的事物中看见确定。我解释它，但人们不把它当一回事，他们到头来还是在无尽地追逐事物中过活。

真的，若你达到平静，将活在我所说的此时此地，在当下这一点上。无论出现什么，任何快乐或痛苦的形式，你都将看见它是不确定的。这个不确定本身就是"佛"，因为不确定是"法"，而"法"即是"佛"。但多数人却认为"佛"与"法"是在他们之外的事。

当心开始了解一切事物在本质上都是不确定时，贪爱与执取的问题便开始消散与瓦解。若我们了解这点，心便会开始松开并将事物放下，不贪恋事物，而执取也会随之结束。当它结束时，人们必将证法，这已是最后一关。

活在当下
疑惑将就此结束

当我们禅修时，就是希望了解这件事。我们希望看见无常、苦与无我，而这从看见不确定开始，当清楚洞见它时，就能放下。当我们感到快乐时，看见"这是不确定的"。当感到痛苦时，看见"这是不确定的"。当想起去某个地方不错时，了解"它是不确定的"。

当认为待在所在处很好时，了解"这也是不确定的"。当完全明了一切事物都是不确定时，我们将会活得很自在，然后能待在所在处并感到舒适，或去其他地方并感到舒适。

疑惑将就此结束，它们将借由修习"活在当下"而结束，无须对过往感到焦虑，因它已经过去。一切过去曾发生的事，都已在过去生起与消失，如今它已结束。我们可放下对未来的担心，因为一切在未来将发生的事，都将在未来生起与消失。

当在家信众来此供养时，他们念诵："最后，愿我们未来终能达到涅槃。"他们并不确知那是在何时或何处，它是如此遥不可及。他们不说"当下"，而说"未来"。它总是某处，某个时候的"彼处"，不是"此处"，而是"彼处"。在下一世它将也是"彼处"，并在未来几世也都是"彼处"。因此，他们永远无法到达，因为它总是在"彼处"。

就如人们邀请一位老比丘去村里接受供养并说："法师！请去那个村里托钵。"然后当他走到下一个遥远的村庄时，他们说："法师！请去那个村里接受供养。"他继续往前走，但无论他到哪里，他们都告诉他："请到那里接受供养。"这个可怜的老家伙永远看不到一口食物；他只是持续走到"那里"，然后"再到那里"，却始终一无所获。

我们似乎就像这样，从来不说"现在这里"。为什么？难道现在有什么问题吗？那是因为我们还与事物纠缠不清，还爱恋世间，舍不得放弃它。因此，比较喜欢让它留到"未来某个时候"。就如有人敷衍老比丘供养的谈话："法师！请到那里接受供养。"因此，为了维生，他一直"到那里"寻找供养，但它永远不是"这里"，所以他永远得不到任何食物。

认知诸行无常
在当下完成修行

让我们谈谈现在、这里——当下。修行真的可以在当下完成，我们无须瞻望未来，无须为某事担忧，只需要观察当下之法，并看见不确定与无常。然后，"佛心"或"觉知者"自会出现，它是透过认知诸行无常而增长的。

智能便在此处生起，禅定——心一境性，可在此处增长。住在森林中有平静——当眼睛不看、耳朵不听时有平静。心因为没有见与闻而平静，而非因没有烦恼而平静。烦恼还在那里，只是那时它们没出现而已。就如水中有沉淀物般，当它静止时很清澈，但当它被扰动时，脏东西就会浮现并遮蔽它。在修行中也是如此，当你见色与闻声，或有不愉快的经验，或身体感到痛苦时，便会受到扰乱。若这些事未发生，你则感到舒适，但那是带有烦恼的舒适。

你可能想要得到某样东西，例如相机。若你得到一台，会感到快乐。在拥有它之前你都不满足，最后当终于如愿以偿时有些兴奋。若它被偷了，你就很难过，快乐不见了。因此，在你能得到想要的东西之前,你不快乐;当得到它时,有快乐;然后当它不见时,又有不快乐。

来自平静生活环境中的禅定也是如此。因为被平静的状态取悦而有快乐,但快乐也仅止于此而已,因为心仍在贪求变易事物的影响之下。过一阵子之后它就会消失,痛苦将取而代之——就如相机被窃贼偷走时一样。有禅定的平静——止禅的短暂平静。

我们必须更深入观察此事,若未觉知它的无常,则所拥有的一切在失去时都将成为痛苦的来源。若觉知它,则可善加利用,而不会让它们成为负担。

你可能想做生意,需要从银行贷款。若你尽了一切努力,却仍得不到它,便会有些痛苦。最后银行可能同意借钱,你又感到高兴。你的高兴持续不了几个小时——因为利息将开始累计。过一阵子,那将成为你的忧虑:无论你在做什么,即使只是坐在扶手椅上,他们都将扣你利息,于是你为此而有痛苦。早先,有痛苦是因为得不到贷款;当你得到时,似乎一切搞定,什么问题都解决了;但当必须开始考虑贷款利息时,痛苦又回来了。

因此,佛陀教导我们观察当下,看见身与心的无常,以及诸法的生与灭,对它没有任何贪爱。如果能做到这点,我们就会感到平静。这平静来自于放下,而放下源自于智慧,智慧则从思维无常、苦、无我、经验的实相,以及在内心洞见实相而来。

依此修行,我们一直在内心清楚看见:现象生了又灭,灭已又有新生,生已还有灭。若我们对发生的事产生执著,痛苦便从那里生起；如果放下，痛苦则不会生起。我们在内心看见这点。

发现法尔如是
拥有真实的平静

像这样禅修时，我们对佛法将生起净信，可做到只需要在当下观察自心，放下过去与未来而只看现在，持续在每件事情上都看见无常、苦与无我。走路，有无常；站立，有无常；坐下，有无常，那是事物本具的实相。若你去寻找确定或恒常，只会发现法尔如是，它不会变成别的方式。当你的见解如此成熟时，就会在平静之中。

难道你认为在孤寂的山上禅修就会拥有平静吗？你也许暂时有平静，但当那里的生活艰辛压得你喘不过气来时，便会开始感到饥饿与疲乏。所以你下山到城里，那里有许多美食与慰藉。但之后，你又会认为它妨碍修行——最好再去某个偏远的地方试试。

确实，因独居而痛苦者是愚蠢的，而因共住而痛苦者也是愚蠢的。这就如鸡粪：你若将它们放在身边，它们臭不可闻；若你和别人共处时带着它们，它们一样很臭，因为秽物一直都和你同在。

若我们很敏锐，可能觉得和许多人同住并非平静的环境，那在某种程度上而言是正确的，但那也可能成为获得智慧的因。我从拥有许多弟子当中，培养出一些智能来。在家众大量前来，许多比丘也前来希望成为弟子，每个人都有自己的看法与性情。我经历许多不同的事情，必须面对各种情况，耐心与毅力因而增强，达到能容忍它的程度，能一直保持修行，然后一切经验都变得有意义。

但若我们的了解不正确，问题则将无解。独居很好——直到我们受够它为止，然后认为最好住在团体中。有简单的食物似乎不错，但有许多食物似乎才是正确的方式。当我们无法彻底解决心时，它就会一直都像那样。

了解一切事物都是不可信赖的之后，我们将视一切匮乏或丰盛的情况为不确定，且不会执著它们，无论行、住、坐、卧，都注意当下。之后停留也很好，旅行也很好，一切都会很好，因为我们正专注于如实观的修行。

人们说："阿姜查只谈'不确定'。"他们听腻了这个，因此离我而去。"我们去听阿姜查教导，但他说来说去都是'不确定'。"他们再也无法忍受听闻同样的老东西，因而离开。我想他们要去寻找某个事情是确定的地方，但他们一定会再回来。

04　一则"放生"的故事

我出家后便开始修行,研究之后修行,并生起信心。我想到世上众生的生命,似乎都很悲惨与可怜。

它为什么可怜呢?所有的富人都很快就会死亡,不得不抛下豪宅,留给后代子孙去争夺遗产。当看见这种事发生时,我便有这个感慨。它让我对富人与穷人、智者与愚者一样感到悲哀——每个活在这世间者的处境都相同。

思维自己的戒、世间与众生
能带来离染与离欲

思维自己的戒、世间的情况与众生的生命,能带来离染与离欲。佛法让这些感觉充满我的心,唤醒我。无论遭遇什么情况,我都保持清醒与警觉。那意味着我已开始拥有一些佛法的智能,我的心被照亮了,觉悟了许多事。在自己的生活方式中,我感到喜悦——一种真正的满足与高兴。

简单地说,我觉得自己和别人不同。我是个成熟与正常的男人,但可以在森林中过比丘的简单生活,没有任何后悔或遗憾。当看见别人有世俗的牵绊时,我认为那才是需要懊悔的。我对于所选择的修行之道生起真实的信仰与信任,这信心一直支持我到现在。

现在,佛道——指导人们诚实、向上与相互慈悲的正直教法,在许多地方似乎已被遗忘,取而代之的是混乱与苦恼。人们在各地汲汲营营地生活,然而都只是在自寻烦恼。佛陀教导我们在此生为自己与别人谋福利,并谋求心灵福祉的究竟利益。我们应现在、当下就做,应寻找能帮助自己那么做的知见,让自己能好好地过活,妥善利用本身的资源,以正命的方式努力工作。

思维禅修的生活——我们采行在平静与单纯中安住与修行的生活方式,并长养对有漏世间离欲的不变态度,则我们的修行将会进步。经常思维七觉支,禅悦自会生起,令体毛直竖。[1]而在思维我们的生活方式,比较现在与过去的生活时,会有一种喜悦的感觉。

思维捕食鱼与青蛙的恶业
出家修行

多年以前,当我还是个年轻比丘时,曾教导过一位哲人。他是位在家施主,来此禅修,并在早期巴蓬寺的朔望日持八戒,但仍会去钓鱼。我尝试进一步指导他，却依然无法解决这个问题。他说他并未杀鱼，而是它们自己来咬他的钓钩。

我持续教导，直到他感到有些悔意，对于钓鱼感到惭愧，但仍继续这么做。然后他的讲法变了，他把鱼钩放入水中并宣布："只有大限已至的鱼才来吃我的钩，你的时间若还未到，就别来吃我的钓钩。"他已改变借口，但鱼还是来吃。最后他开始看它们，鱼嘴被鱼钩钩住，他感到有些不忍，但仍无法下定决心。"哎呀！我告诉它们，它们的时间若还未到就别来吃我的钩，若还是要来，我有什么办法？"然后他想："但毕竟它们是因我而死！"他反复思维这点，最后终于罢手。

然后是青蛙，他无法不抓青蛙来吃。"别这么做！"我告诉他，"好好看看它们！你若无法停止杀死它们，那么就请你先看看它们。"所以他拿起一只青蛙来看。他看着它的脸、眼睛与腿。"天啊，它看起来就像我的小孩！它有手臂与腿，眼睛张开，它正在看我！"他感到心痛，但还是杀死它们。他就这样逐只观察，然后杀死它，心里觉得他正在做坏事。他的妻子催促他，说若不杀死它们，他们就没东西可吃了。

最后他再也受不了了。他捕捉青蛙，但不再折断它们的脚；从前他会折断以防止它们跳走。不过，他仍无法让自己放走它们。"嗯，我只是在照顾它们，在这里喂它们。我只是在饲养，其他人会怎么做我不知道。"但他当然知道，其他人会杀来煮食。过一阵子，他只好承认这点："无论如何，我已斩断自己百分之五十的恶业，

无　常

另外有人进行宰杀。"

  这开始让他抓狂,但他还是放不下。他把青蛙留在家里,再也不会折断它们的脚,但妻子会如此做。"那是我的错,虽然我没有这么做,但她是因为我而犯过。"最后他彻底放弃。但之后妻子开始抱怨:"我们要怎么办?我们要吃什么?"

  他现在真的是左右为难。当他来到寺院时,我告诫他应怎么做;当回家时,妻子又告诫他应怎么做。我告诉他别那么做,妻子则怂恿他去做。怎么办?真苦啊!他心想。来到这世上,我们就得像这样受苦。

  最后,妻子也只得放下,他们因此停止杀青蛙。他在田里工作,照料水牛,之后他有了释放鱼与青蛙的习惯。当看见鱼在网中被捕获时,他会放它们自由。有天他在工作时去邻居家里喝水,无人在家,却听到有碰击的声音,他感到困惑,最后才发现原来是锅里有一些青蛙正试图逃脱。他环顾四周确定没人来,就把它们通通放生了。

  不久之后,朋友的妻子回来准备晚餐。她打开锅盖,发现青蛙都不见了。她马上猜到发生了什么事:"一定是那个心地慈悲的家伙。"

  邻居的妻子设法抓到一只青蛙,并且用它做了一盘辣椒酱。他们坐下来吃饭,当他要拿饭团去蘸辣椒酱时,她一把抓住他的手腕,并说:"嘿!好心人!你不该吃那个!那是青蛙辣椒酱。"

  这太过分了,真可悲,就只为了生存并想喂饱自己!想到这点,他再也无法忍受。他已经是个老人,因此他决定出家。

第二部　无常

他在当地寺院出家,仪式之后,他问戒师应做什么。戒师告诉他:"你若真的有心于此,便应该禅修。追随一位禅师,别待在俗家附近。"他了解,因此决定如此做。他在寺里过了一夜后于清晨离开,询问哪里可以找到当时最有名的禅师——阿姜通拉。

他将钵挂在肩上开始行脚,一个连僧袍都还穿不太好的新比丘,但他毅然决然前往寻找阿姜通拉。

"法师!我的生活中没有其他目标,我希望将身体与生命奉献给你。"

阿姜通拉回答:"很好!很有福气!你差点错过我,我正准备起程。顶礼之后,找个地方坐下。"

新比丘问道:"现在我已出家,我应该怎么做呢?"

他们正好坐在一根老树干旁。阿姜通拉指着它说:"让你自己像这根树干一样,其他什么也别做,就只要让你自己像这根树干一样。"这就是他教导他的禅修的方法。

阿姜通拉起程上路,这名比丘则待在那里思维他的话:"阿姜教导我让自己像一根树干,我该怎么做?"无论行、住、坐、卧,他都不断思维这点。他思维如何先有一颗种子,它如何长成一株树,茁壮,成熟,最后被砍倒,只剩下一根树干。现在它是一根树干,它再也不会长大,开不出花来。他持续在心中思维这点,反复地想,直到它成为禅修对象为止。他扩大它,将它运用到世上一切事物上,然后他转而向内,把它运用在自己身上:"不久之后,我也可能会像这根树干般,成为无用之物。"

无 常

了解这点之后，他下定决心绝不还俗。心一旦变得如此坚定，就没有任何事能阻止它。

心达到安止
智慧就能洞见事物

所有人的情况也是如此，请想想这点，并尝试将它运用到你的修行上。生而为人是困难重重的，它不只到目前为止对我们是困难的，未来也是如此。年轻人会长大，长大后会衰老，衰老后会生病，生病后会死亡。它一直如此进行，无尽变化的循环永远不会结束。因此，佛陀教导我们要禅修。

禅修时，首先我们必须修定，亦即让心不动与平静。如同脸盆里的水：若一直把东西放进去并搅动它，它将始终是浑浊的。若一直让心思考与担忧，我们永远无法看清任何事。但若让盆子里的水沉淀与静止，就能从中看见各种被映射的事物。一旦心达到安止，智慧就能洞见事物。智能的光明，胜过其他任何一种光。

译 注

[1] "喜"是喜欢或对所缘有兴趣，进入初禅时，会有喜禅支生起，以对治五盖中的瞋恚盖。喜可分为五种："小喜"能令体毛直竖；"刹那喜"有如闪电；"继起喜"有如拍打海岸的波浪，一阵阵流遍全身；"踊跃喜"能令身体跃入空中；"遍满喜"有如洪水注满涌动般，遍布全身。

05　一位困惑的禅者遇见佛陀

在佛世时,有个受人尊敬的长老,他是位认真的禅者。他希望穷究事物的本源,因此去隐居修定。

疑惑无人能代为解决
必得自己去证悟

他的禅修有时平静,有时则否,他无法使它稳定下来。他有时懒惰,有时又很精进。因此他开始有些疑惑,便想需要学习更多的修行方法。他听到关于各种老师的传言:"某某上师真的很好,他的修行与教法都很杰出,名闻遐迩。"于是他去寻找那位老师并学习修行方法。学了一阵子之后,又会再回头去修自己的法门。

然后,修习那位老师所教导的东西之后,他发现有些事和自己的观念相符,有些则不然,疑惑持续产生。他听到有人称赞另一位老师,于是便又去向他学习,然后再拿它来和先前学过的教法相比。他一直在学习与比较,导致教法混淆,甚至和自己的观念相冲突。因此，疑惑不但未减少，反而还更加深。

接着又有各种修定的方法，他都一一考虑并加以尝试，结果只是让心更散乱而已——那无法为他的心带来专注。他筋疲力尽，仍和以前一样充满疑惑。

有天他听到关于乔达摩比丘的传闻，说他真的是个很特别的人，于是他又再次前往。

他抵达佛陀所在地，聆听法音。乔达摩说："想要从别人的话中得到觉悟将无法去除疑惑。他听得愈多，疑惑就愈多；他听得愈多，就会变得愈迷惑。"

世尊接着说："疑惑是别人无法代替我们解决的，别人只能解释和疑惑有关的事；它是供我们运用在自己的经验上，我们得自己去证悟。"

佛陀教导："于此身内是色、受、想、行与识。这些已是我们的老师，供给我们智慧，但它需要正确的禅修与观察。你若想要去除疑惑，你就应停下来观察身与心。

"抛开过去！无论你做了什么善事或恶事，将它们都抛开，现在还执取它们并无益处。一切的善都已过去，一切的恶也都已成过往。

"未来还没到。将来的事将在未来生与灭。当它发生时，你应觉知它，并毫不留恋地抛开它。

"过去发生的一切都已消失，现在你为何还要回想它呢？如今你无须再和它纠缠不清。你无须停止任何思想或认知，只要在想到或认知过去时，清楚觉知它并放下它即可，因为它是已结束了的事。

"未来还没到。当未来的思想生起与消失时，觉知它们，放下它们。过去的思想是无常的，未来是不确定的，觉知它们，放下它们。观察当下、现在。观察你当下经验的现在之法。别以为有某个老师能为你解决疑惑。"

向内觉察
亲自去了解

佛陀不称赞那些相信他人者，因他人的话语而高兴或沮丧者，佛陀不称赞这样的人。了解某人所说之后，他应放下，不应执著，因为那些话是别人的。即使它们正确，也是对那个人正确。若我们不内化它们，使之在心中是正确的，则它们永远不是真的对我们正确，疑惑当然不会止息："它是正确的吗？那个老师是正确的吗？这个老师是错误的吗？"这表示我们并未试着去了解那个真实意义，因此，我们也还不被佛陀称赞。

我一直教导"法"的这个面向——向内观、向内觉察、亲自去了解。某人若说某事是正确的，不要马上相信他。"对"与"错"都只是别人所说。无论你听到什么教导，内化它，并试着于当下了解它的真相。

同样的修行对不同的人将不会一样，因为他们的智慧程度不同。我们去见禅师并尝试了解他们的方式，观看他们的方法与行为，但这是观看外在。对于他们的修行，我们所能见到的只是外在面向，若我们如此切入，则疑惑将始终存在："为什么这位老师用这个方法修行？为什么那位老师用那个方法？为什么有人教很多，有人教很少，有人则什么也不教？"这真的会让你感到困惑。

寻找正确的方式不能依靠这些事，它得靠每个人依正道而行。我们可以拿别人当范例，但必须深入内心观察才能断除疑惑。因此，佛陀教导那位长老观察当下，别让心跑到过去或未来。

因此，在一切情况中，他都持续观心。无论发生什么事都没关系——他看见它们是不确定的、无常的。佛陀只教导他这件事，通过修习它，他能觉悟"法"，觉悟到实相便在自己的心里。

生死之轮流转不已，但你不必要尝试跟上它。它如轮子般转个不停——难道你要一直跟着它转吗？它真的很快。若有个轮子正在转动，你可以待在一处，让它自己去转。一只蜥蜴可能会试着跟着它转，但你可留在原地，观看蜥蜴一再往返，无须去追逐它。世间法的轮子转得飞快，但对有智慧的人来说，没有问题。他若保持正念，则无论处于何种情况，来或去，只要照顾好自己分内之事，心将不会受到任何伤害。

第二部　无常

第三部

苦

01　了解苦

苦附着在皮肤上并进入肉里；从肉，它又进到骨子里。它就如树上的虫子，从树皮开始啃噬，进入木材，然后进入木心，一直到树终于枯死为止。

移动一座山
要比移动我见容易

随着我们长大，它愈往内深藏。父母教导我们贪爱与执取，赋予事情意义，坚信自己以一个自我实体的方式存在，事物也属于我们所有，我们打从一出生便被如此教导。我们一再地重复听到这番话，它穿透内心并待在那里，成为自己习惯性的感觉。我们被教导去获取事物，去累积与执著它们，重视它们并据为己有。我们的父母便如此认知，然后这样教导我们。因此，它进入我们的心里、骨子里。

当我们对禅修产生兴趣，并聆听心灵指导的教法时，要想了解它并不容易,它并未真的深深吸引我们。我们被教导别用旧的方式去看事情与做事情,但当听到这些话时,它并未穿透我们的内心。

因此,我们虽坐下来聆听教法,但它经常只是进到耳朵里的一堆声音而已,无法深入内心并影响我们。这就有如我们在打拳击,一直攻击对方但他并未倒下。我们还是固着在自己的我见上,智者曾说移动一座山要比移动我见容易,那是种相信我们真的以某种特殊个体形式存在的坚实感觉。

我们可使用火药炸平一座山,然后移开泥土,但固执的我见——啊!邪见与恶习却如此坚实且难以动摇,而我们对它们却毫无警觉。因此,智者才说要将邪见改成正见是最难办的事。

凡夫深陷在黑暗中
犹如是牛粪的主人

对我们"凡夫"来说,要进步成为"善士"并不容易。凡夫是受到层层障蔽者,他是黑暗的,深陷在黑暗与障蔽中。善士已让事物变得比较光明。我们教导人们变亮,但他们并不想那么做,因为不了解自己的情况,以及受到遮蔽的处境。因此,他们持续在混乱状态中游移。

若遇到一堆牛粪,我们不会认为它是我们的,也不会把它捡起来,只会让它留在原地,因为我们知道它是什么。

秽物也有它的"好"，邪恶的事是恶人的资粮。你若教导他们行善，他们不感兴趣，宁可待在原地，因为看不见其中的害处。看不见害处，事物就无法被矫正。你若知道它，就会想："啊！我的整堆牛粪连一丁点儿黄金的价值也没有！"此时你就会转而希求黄金，再也不会想要牛粪。若不知道这点，则你仍将是一堆牛粪的主人。

那是秽物的"好"。黄金、珠宝与钻石，在人间都被认为是好东西；肮脏与腐败的东西，对苍蝇与其他昆虫而言是"好"的。你若摘鲜花，苍蝇对它们不会有兴趣，即使你尝试利诱，它们也不会来。但只要是有动物死尸的地方，只要有东西腐败的地方，它们就会不请自来。邪见就像这样，它偏好那种东西。对于蜜蜂是香甜的东西，对于苍蝇则不然。

曾有两个亲密的朋友，死后一个转生到天界享受欲乐，另一个则转生为粪坑里的蛆。

天神具有各种能力，他想起过去世的好友，于是运用神通去找他。他把自己移身到粪坑中，并使朋友能认出他，他们很高兴能再度相逢。

蛆问天神："那么你转生的地方情况如何？"

天神说："很棒！享不完的乐事！每样东西都清新可人，无论你希求什么，它都会立刻出现。我真希望你能和我一起去那里！"

但蛆却开始哭泣，因为怜悯他的朋友。"听着，"他说，"这里的生活有趣多了。我整天都在这坑中玩乐。我想要的东西甚至无须希求就会出现，因为这里的一切都是现成的。你真的应该留下来！"

未看见苦
就无法真的看清与解决问题

　　修行的过程一定会有困难，但无论做任何事，都必须渡过难关才能达到轻松自在。在佛法的修行中，我们从普遍存在的不圆满——苦谛开始。但一碰到这点，我们就失去信心，不想看到它。"苦"真的是圣谛，但我们却有意无意地想逃避它。这就好像我们不想看到老人，只喜欢看到年轻貌美的人一样。

　　我们若不想看到苦，无论活得多久，将永远无法了解苦。"苦"是真谛，我们若面对它，就会开始找出一条离苦之道。若要去某地，而路被封住了，我们会想如何造出一条路来。日复一日地工作，总有一天一定能通过，当碰到问题时，我们像这样逐渐产生智慧。未看见苦，我们就无法真的看清与解决问题，只是忍受它们或对它们视而不见。

　　我训练人的方式包含一些痛苦，因为了解苦是佛陀的觉悟之道。他希望我们看见苦，看见它集起的因、它的灭，以及到达苦灭之道。这是一切觉者的解脱之道，若不走这条路，你就无法解脱。

　　若知道苦，我们将在所经历的每件事中看见它。有些人觉得自己其实并不怎么痛苦，但佛教的修行是为了让人彻底解脱痛苦，亦即从充塞在一般经验里的不圆满中解脱出来。不想再受苦，我们应怎么做？当苦生起时，应去审察并看见它生起的因，了知那一点，便可练习去除那些因，一旦达到圆满，苦将不再生起。在佛教里，这就是解脱。

违背习惯一定会造成一些痛苦。但通常人都害怕痛苦，若某件事会造成痛苦，我们就不会想去做它。我们感兴趣于看似美好的事物，认为凡是含有痛苦的事都是不好的。但事实并非如此。若心中有苦，它会成为你想逃脱的因。它引导你思维，你会专心观察，以便找出究竟是怎么一回事，试着去看见原因与结果。

快乐的人产生不了智慧，他们就如一只饱食终日的狗般缺乏警觉。吃饱后它什么事也不想做，可以整天睡觉。若盗贼来了它也不会叫——它太饱又太累了。但若只给它一点食物，它就会保持清醒与警觉，只要有人在附近鬼鬼祟祟，它便会立刻跳起来狂吠。你们看过这样的事吗？

人类被诱捕与囚禁在这世间，并受制于这样的丰足，我们总是充满疑惑、困扰与忧愁。这一点也不好玩，因此必须抛开一些东西。根据心灵开发的方法，我们应放弃身体、自己，必须下定决心将生命完全投入于追求解脱上。

我们都活在牢笼里
被囚禁在这世间

若我们说微妙法，多数人会受到惊吓，而不敢进入它。即使只是说"诸恶莫作"，多数人就无法遵循。因此，我想了各种方法来解决这问题，我常说的一件事是，无论我们是高兴或忧伤，快乐或痛苦，流泪或歌唱，都别太在意——只要是活在世上，我们都是活在一个笼子里。即使你很有钱，你活在笼子里；你若贫穷，你活在笼子里；你若唱歌跳舞，你是在笼子里唱歌跳舞；你若看电影，你是在笼子里看它。

这个笼子是什么？它是生之牢笼、老之牢笼、病之牢笼与死之牢笼，我们就这样被囚禁在这世间。"这是我的"、"那属于我"，我们不知道自己真的是什么或在做什么。事实上，我们所做的一切都是在为自己累积痛苦，并非什么遥远的事物造成苦，但我们却不愿回头看看自己。既然出生，无论有多快乐与舒适，我们无法避免变老，一定会生病、死亡。这即是苦，就在当下。

我们随时都可能被疼痛或疾病折磨，它可能发生在任何时刻，就如偷东西一样，随时可能被逮捕，因为我们已做了那件事，那正是我们的情况。我们生存在有害的事物中，在危险与麻烦中，老、病与死掌控我们的生命，我们无法一走了之，或摆脱它们。它们随时都可能来抓我们，每一刻都是它们的好机会。因此，我们必须放弃对抗并接受事实，必须认罪。我们若这么做，判决就不会太重，否则只会受更大的苦。我们若认罪，它们就会从轻发落——我们不会被关太久。

当身体诞生时，它不属于任何人。它就像我们的禅堂，在被建成之后，蜘蛛来栖息，蜥蜴来歇脚，各种昆虫与爬虫类都来此停留，

无　常

蛇也可能住在里面，任何生物都可能来住在里面。它不只是我们的会堂，更是一切生物的会堂。

这些身体也是如此，它们不属于我们。我们是来待在它们里面，并依靠它们。病、苦与老也来住在里面，我们只是和它们一起居住。当这些身体的苦与病结束，并终于瓦解与死亡时，那不是我们死亡。因此，别对此有所执著，而是要清楚地观照，如此一来，你的贪爱就会逐渐消减。

出生时
一切苦皆随之而来

你知道欲望是否有极限吗？它何时会感到满足？有这样的事吗？你若仔细考虑，便会发现无法满足渴爱，它持续欲求更多。虽然它带来让我们几乎痛不欲生的苦，但仍会持续想要东西，因为它不可能感到满足。

佛陀教导"富者教诫"，意即满足于自己所拥有的事物，那就是富人，这便是对富者的教诫。

我认为这种知识确实值得研究，佛道里教导的知识是值得学习与思维的事。首先，它教导道德生活的方式，只要有足够物资能维持生活，我们就能借由道德的生活而免于堕入恶道。

然后，正法的修行更超越那点，它深入许多。我们有些人也许无法了解它。只要举佛陀的话为例："我生已尽，梵行已立，所作皆办，不受后有。"即他已不再出生，"生"与"有"都已结束。

听到这番话，会让我们不太舒服，直接地说，佛陀说我们不应出生，因为那是苦。就只是这一件事——生，佛陀专注于此，思维它并了解它的危险性。出生时，一切苦皆随之而来，苦和生同时发生。当我们来到世间时，有眼睛、嘴巴与鼻子——一切皆随之而来，只因为生。但我们听到死与不生，就感到彻底毁灭，不希望去那里，而佛陀最深奥的教法就是这样。

我们现在为何痛苦呢？因为出生。因此，我们被教导要了结"生"，这不只是说身体出生与死亡，那很容易了解——连小孩都懂。停止呼吸，身体死亡，然后躺在那里，这是通常所说的死亡的意义。但会呼吸的死人，则是我们不知道的事，可以走路、说话与微笑的死人，是我们不曾想过的事，因我们只知道所谓的死亡，是指不再呼吸的尸体。

事物只有生与灭
除此之外，别无其他

"生"也是如此。当我们说某人出生时，是指一个女人去医院生产。但心出生的时刻，你曾注意过吗？例如当你在家里对某件事感到沮丧时。有时爱出生，有时瞋出生，高兴、不高兴的各种状态，这些都是"生"。

我们痛苦都是因为这个。当眼睛看见某个讨厌的东西时，苦出生；当耳朵听到某个很喜欢的声音，苦也出生。只有苦。

佛陀总结说："纯大苦聚。"苦生与苦灭，法尔如是。我们一再攀取与执著，攀取生，攀取灭，永远没有真的了解它。

当苦生时，我们称之为"苦"；当它灭时，我们称之为"乐"。那其实都是法尔自然——生与灭。我们被教导去观察身、心的生与灭，除此之外，别无其他。

当苦生时，我们认知彼为苦；当它灭时，认知彼为乐。我们看见它，并如此标示它，但它并非乐，只是苦灭。苦生与苦灭，生与灭，而我们却攀取与执著它，乐出现时感到高兴，苦出现时感到沮丧。其实这些都一样，就只是生与灭。生起时，有某事；消灭时，它不见。我们就是被卡在这里感到疑惑，因此经上说苦生与苦灭，除此之外，别无其他。

我们没有清楚认知只有苦，因为当它停止时，我们在那里看见乐，执取它并固着于其上。我们并非真的知道发生了什么事——它其实只是生与灭。

佛陀总结说事物只有生与灭，除此之外，别无其他，这很难入耳。但真正能感受"法"者，无须依赖任何事，就能处于安乐中。

事实是，在这世间中，没有什么东西对任何人做任何事。没有什么事可忧虑，或值得哭泣、欢笑，没有任何本具的悲惨或愉悦。但对一般人而言，这些事却是很普通的。

我们的话可以很普通，以便能对应别人平常看待事物的方式，那没有问题。但我们若以这种普通的方式思考，那就很可悲了。

我们若真的觉知"法"并持续看见它,则事物根本不具实体性,只有生与灭,并无真实的乐与苦。一旦无乐与苦,内心便会平静;若有乐与苦,就会有"有"与"生",意即无尽的轮回。

我们经常试着停止痛苦以便得到快乐,那是我们所希望的。但我们所希望的并非真实的平静,那是乐与苦。佛陀教法的目标是练习创造一种超越乐与苦,并会带来平静的业。但通常我们可能只想到拥有快乐将带给我们平静,若获得一些快乐,便认为那已经够好了。

因此,人类总是希望丰足。若我们获得许多,那很好——通常那是我们想要的。做好事就会有好报,若得到那个,我们便会感到快乐。我们认为那就是需要去做的,然后便停在那里。但好的经验能持续带来满足吗?它无法停留。我们一直反反复复,经历好与坏,夜以继日试着去捕捉感觉好的东西。

佛陀的教法是,我们应先断恶,然后修善。其次,他说我们应同时断恶与断善,对它不起任何执著,因为那也是一种燃料。只要有燃料,它终究会被点燃。恶是燃料,善也是燃料。

02　对学生当头棒喝——阿姜查的方法

在许多人的记忆中,阿姜查是个严苛的老师,尤其是对他早期的弟子们。其中之一的阿姜悉努安,提到一个关于他们在茅棚工作的故事。他扶着一块板子让另一位比丘钉钉子,阿姜查开始和那位比丘讨论事情,忘了悉努安正拿着板子,而当时他身边还有黄蜂在嗡嗡叫。最后他手臂痛得受不了,便说:"隆波(Luang Por,师父),我想我再也撑不住了。"说时迟那时快,阿姜查拿一根棍子"啪"的一声打在他的背上。这让悉努安内心一惊,他确信阿姜查无疑是不近人情的。

那晚,在晚课与禅修过后,阿姜查对大众开示:"我希望你们都想想自己为什么在这里。你们应了解,我所做的一切都是为了让你们从魔罗(māra)[1]的陷阱中跳脱出来,没有别的。你们一生都是习气的俘虏,如果不想解脱,为什么要来这里呢?"

译　注

[1] 魔罗即杀者、夺命、能夺、能夺命者、障碍或恶魔。一切烦恼、疑惑、迷恋等,能扰乱众生者,均称为"魔罗"。

03 "生"与"有"

经上说"生"是苦,但它不只是指从此世死亡并转生来世,那扯太远了,"生"的苦当下就在发生。

在根、境、识接触时
认出"生"与"有"

经上说"有"是"生"的因,"有"是什么呢?任何我们执取并赋予意义的事,即是"有"。每当我们视任何事为自己或他人,或属于自我所有,而不正知它是世俗惯例时,那即是"有"。每当我们执著某件事为我或我所有,而它之后发生变化时,心便受到影响而产生正面或负面的反应。自我经历快乐或痛苦的感觉,即是"生"。一旦有"生",苦便随之而至,因为一切事物都必然会变化与消失。

现在,我们有"有"吗?我们觉知这个"有"吗?举果园中的果树为例。果园主人若不觉知自己,觉得那真的是他的果园,他可能在每棵树中出生为虫。贪爱"我的"果园与"我的"果树，即成为占有那里的虫。若有几千棵树，他就会变成几千次虫，这即是"有"。当树被砍倒或遭遇任何伤害时，虫即受到影响，心被动摇而带着焦虑受生。然后有"生"之苦、"老"之苦等。你们觉知此事发生的方式吗？

嗯，家里或果园中的那些对象还是有点遥远，就看看坐在这里的自己。我们是由五蕴与四大所组成，这些有为法被指称为一个自我。你看见这些有为法与名称的实相吗？你若未看见它们的实相，就会有"有"，为了五蕴而欢喜或悲伤，然后你受生，一切痛苦亦随之而来。这个转生就发生在现在、当下。

这杯子现在破了，我们就在现在感到难过；这杯子现在没破，我们现在对它感到高兴。事情就是如此发生，盲目地难过或高兴，你唯一的下场就是毁灭。要想了解这点，你无须眺望远方。当你注意自己时，便会知道是否有"有"，无论是否真的相信"我"或"我所有"的指称，重点是贪取。这个贪爱是虫，正是它造成"生"。

由于贪爱色、受、想、行、识，我们执取乐与苦，因而被迷惑与受生。它发生在根、境、识接触时，眼睛一见到形色，它当下便发生。这是佛陀希望我们去看的，在"有"与"生"通过五根发生时认出它们。我们若觉知它们，就能放下，放下内在的五根与外在的五境。这可以在当下看见。它并非在此生死后才发生，而是在当下眼睛见色、耳朵听声、鼻子嗅香、舌头尝味时发生。

第三部 苦

你和它们一起受生吗？在"生"发生时，觉知它们，并看清它们。

执著茶杯
便是拥有痛苦

前任僧王有次到中国旅行，有人送他一个很漂亮的茶杯。他从未见过那种东西，心想："啊！这里的人对我真有信心，所以才会送这漂亮的茶杯！"但当茶杯到了手上时，他立即陷入痛苦中。我应把它放在哪里呢？哪里才是安全的存放处所呢？他无时无刻不在担心它会被打破。

在他拥有茶杯之前，他很好；一旦有了它，他开始希望在返回泰国之后对人们炫耀它。他把它放进袋子里，并不断告诉每个人要小心以免打破杯子："嘿，请小心！"他到每个地方都小心翼翼。他拥有的只是痛苦。先前，这痛苦并不存在，如今拥有茶杯之后，他却忧心忡忡。

然后他搭机返回泰国。当抵达时，他警告群众："小心，不要打破杯子！你们在家人，注意，这里有易碎品！"这情况一直持续，因为执著杯子而痛苦。

终于，很久以后的某一天，一个沙弥拿起它的时候，不慎手滑将它打破。僧王如释重负："啊，我解脱了！这些年来真痛苦。"

04　逝者如斯

> 诸行无常，
>
> 是生灭法，
>
> 生灭灭已，
>
> 寂灭为乐。
>
> ——巴利葬礼偈颂

佛陀教导我们了解死亡，法尔如是；生命是不确定的，了解这点将导致出离。当我们离开这世间时，无论谁拥有多少钱，都得将它们抛在身后。无人能带走任何东西。若你有许多土地与金钱，可能会想："我要把庞大的财产留给孩子。"但你的孩子也无法保有它，他们有一天也必须抛下它。在这个不确定的领域中，一切事物都难逃此劫。世间就是如此。

看清生与死
如法地生活

在我们的文化中，人们相信死亡是做功德的好机会，但当你在世时累积功德更重要。达到真实了解,并改变你的方法以如法地生活才是真功德,才真正有价值。

你若能看清生与死,将了解它就如生长在树上的杧果。它们逐渐成熟,然后掉落。当此事发生时,杧果不会渴望树,树也不会担心杧果。

生命就像这样,当了解这点时,我们不会漫不经心。我们会转而注意思考应如何生活与安排时间,以及修习什么才好。

我们希望解脱痛苦,希望去除内心的痛苦,但我们依然痛苦。为何会如此?那是因错误的思考。我们的想法若符合实相,就会拥有幸福。修行佛法的意思是寻求正见。

例如观察身体,它们真的属于我们吗?它们出生、变化,然后自行死亡。我们无法阻止它们那么做,无法命令它们一定要如何。因此,我们持续思维与观察事实,问自己这是否是真实的情况,然后了解无法随意控制无常的身体。当看见这点时,心即改变与进入"法"。持续观察诸行的本质,我们逐渐了解身体是不可信赖的,并进而洞见苦谛。

但我们如此恐惧,当被告知要思维死亡时,便害怕那么做。当听到关于无常、苦与无我的教导时,也不想听。佛陀说这是我们应趋入与观察的事,但我们很害怕。他们只想生,不要死,只想拥有好事。那真的很愚蠢!你们能了解这点吗?好好想一想!

经上说:"诸行无常,是生灭法。"那么无常是怎么一回事呢?所谓的"诸行"此刻就坐在这里,我们都会走上这条路,无一例外。

无　常

但我们却不愿面对、研究它。

没有什么事比研究它还好。近来医生在研究癌症，但他们似乎还找不到解药，为何不转而尝试治愈死亡之病呢？死亡之病比癌症更可怕。我出国时对一群医生说：死亡之病是真正值得探讨的事，你们为何不研究它呢？若我们认真思维，错误行为就会开始减少。人们担心癌症，但老化之病比癌症更严重，死亡之病更是所有众生都无法避免的。有癌症的人会死，无癌症的人也会死，因此死亡之病是真正值得分析的事。

修行不能挑时间
必须趁还活着时，赶紧去做

当我们教导人们练习随念死亡时，他们说："别谈论它！若你谈论死亡，人们将什么事也不想做！"这种想法真是颠倒。这种病是生命的慢性病，佛陀希望我们去观察，并了解一切众生无一例外地都会得这个病，这是实相，因此他教导我们别忘记它或误解它。你若真的经常随念死亡，将会停止伤害别人，会明白做坏事并在死时背负恶业，一点也不值得。这对自己、家人、社会，都会是有益的事。

一些曾做过许多坏事的人将会开始努力改讨，未来还未做的恶行我们则会避开，内心的烦恼将逐渐持续消减。而当我们尝试教导别人时，就能以身作则，真正地帮助他们。

想想一个被判死刑的人：15天或一个月内，他就会遭到处决。设身处地，我们会如何利用仅存的时间呢？我们会怎么想？思考一下——你的内心会闪过什么事？你很可能会焦急得完全食不知味。

有天我们一定会死，时间并不确定，可能只剩一两天，也可能在很久之后。因此，我们都必须想得很清楚，就如被宣判死刑的人——如在狱中焦虑的囚犯，就等着被带走。或如屠宰场里的牛，身体两侧都被涂上红色记号：今天这头被杀，明天那头，接着后天那头。我们就像那些牛一样，那么你还会在那里嬉笑、唱歌或自娱吗？

这真的是我们所处的情况。因此，佛陀教导我们要去增长那些有益之事。我们并非以物质的财富去增长它们，而是以身与口的努力，以及择法精进。至少日行一善，最少也要慈悲地对待动物，千万别未行善而空过一天。

一切众生的生命都是不确定的。当我们了解这点的时候，就能对在这世间所做的事更加释然，而不会把世事的起伏看得太严重，也不会有沮丧、失望或恐惧。反之，也不会对事情乐不可支，无论生或死，我们都已经以善行为自己打造了安全的避风港。

修行不能挑时间，你必须趁还活着时，赶紧去做。当被教导去行善与积德时，现在就去做，你便能获得善果，你死后再想去做，就太迟了，只剩下葬礼而已。当你死时，他们前来致敬，那时你只是他们修福的一个对象而已，你所拥有的福报都已享尽。但若你现在持续行善，在还活着时，它就不会那么快耗尽。

无　　常

05　冷峻的慰藉——阿姜查的僧侣面对疾病与死亡

我们必死的事实，非常明显地呈现无常、苦与无我三相，但这观察并未探讨到生病的状态。清楚觉知死亡可导致无死，清楚觉知痛苦可以导致离苦，觉知世间的束缚则可以导致解脱。

死亡，通常在佛教文化中，例如在泰国比在西方更容易被接受，尤其在寺院环境中，更是坦然视之。阿姜查对不同的人，以不同的方式谈论死亡——如同他对佛法的其他面向所做。当人们有点高傲时，他说你可以戳他们，以唤醒他们。在巴蓬寺早期，僧侣面临的诸多考验之一是疟疾，当时并无有效的治疗方法，多数人都病得很严重。他谈到如何鼓励僧侣们面对这种情况。

"一天晚上，约九点钟，我听到有人走出森林。我们都染上了疟疾，但其中一名比丘情况特别严重，发高烧，且害怕会死，他不想孤单地死在森林中。我说：'那好，让我们试着找没病的人来照顾生病者；病人怎么能照顾另一个病人呢？'当时就是如此，我们没有任何医药。

"我们有'波拉培'（borapet，一种很苦的药草）。我们将它煮来喝，那是我们当时仅有的，用来提神与当药用。每个人都发烧，大家都喝波拉培。若有比丘病得很重，我就告诉他们：'别害怕，别担心，若你们死了，我会亲自将你们火葬。我会在这座寺里将你们火化，尸体无须转到别处去。'我就是这么处理它，这些话带给他们心灵的力量。"

06 佛陀不死

请针对我们会死这主题正确地禅修，禅修并观察它，直到我们能更深入思维为止。例如从此刻起，我们的存在将如何变化？要如何对待它？

愚者为死亡哭泣，不为出生哭泣。但死亡来自何处呢？难道它不是来自出生吗？若你为人死哭泣，则应在人们出生时便哭泣。从人一出生就开始哭泣："啊！不，他又来了！他将再次死亡！"应该这么说才对。

但现在我们却想尽办法，例如使用巫术、祈祷或咒语来逃避死亡。那样做有何意义？我们为何不从根本——出生，去解决问题呢？这就如同拳击手被打落牙齿后低头闪避，你必须在他们重击你之前避开。这些事是无效的，佛陀如此教导。

佛陀教导，既已出生，我们就应找出一条从死亡解脱之道。佛陀不曾死亡！阿罗汉（那些已达解脱者）不会死！他们不会像人与动物一般死亡。当死亡来临时，他们都会微笑，会很自在，因为他们不会死，这是人们无法了解的事，人们看不见它。佛陀不曾死亡，阿罗汉不会死，就只是地、水、火、风这四大元素瓦解而已，在这些事情当中没有"人"。

因此，我们说觉悟者不死，他们不生、不老、不病、不死，贪、瞋、痴再也不会在他们心中出生。当他们还活着时，身体不是他们的或他们自己，只有地、水、火、风，然后瓦解与消散，他们不执著其中有任何"人"。四大不会影响他们，因此我们说他们不死。但我们执著这些积聚物，称之为"我"，相信它们是"我"或"他"，当它们瓦解时，我们认为自己死了，因此感到痛苦。觉悟者不会为此感到痛苦，他们称它为尘土，一堆尘土！借由看见只有地、水、火、风，他们战胜死亡。

07　出生、死亡与觉悟——阿姜查与菩提树

在卫塞节（Visakha Puja）——纪念佛陀诞生、觉悟与涅槃的佛教纪念日，阿姜查说："当佛陀成道时，我们可说他辞别世法而出生为佛。卫塞节的意义，其实只是点出他觉悟的这个事实，而没有我们所纪念的分开的三件事。"

有人告诉阿姜查，一个朋友去找禅宗师父修行并问："当佛陀坐在菩提树下时，他在做什么？"禅师回答："他正在坐禅！"但这个人说："我不相信。"

禅师问他："你说不相信是什么意思？"他回答："我问过葛印卡老师（Goenka-ji，一位著名的内观老师）相同的问题，他说：'当佛陀坐在菩提树下时，他正在修观！'因此，每个人都说佛陀正在做他们所做的事。"

阿姜查说："当佛陀坐在空旷处时，他是坐在菩提树下。当他坐在另一种树下时，他也是坐在菩提树下，那些解释并没有错。'菩提'意指佛陀自己——觉悟者，坐在菩提树下的言论并无什么问题，但许多鸟坐在菩提树下，许多人坐在菩提树下，猴群也在菩提树

下玩耍。但是这并不表示他们有什么深刻的体悟。那些有深刻体悟者，了解'菩提树'真正的意思是指正法。

"因此，试着坐在菩提树下当然很好，我们将可成佛，但无须和别人争论这问题。当人说佛陀正在菩提树下做某种修行，而另一个人提出异议时，无须加入争吵。我们应从究竟的观点，即证悟实相的角度去看它。'菩提树'另外还有世俗的观念，那是多数人所谈论的，但若人们为此争论不休，那就没有任何的菩提树了。"

第四部 无我

01　如四大般修行

有个城里的人喜欢吃蘑菇,他问:"蘑菇来自何处呢?"有人告诉他:"它们生长在泥土里。"于是他提起篮子走进乡村,期待蘑菇会在路边排成一列让他采摘。但他走了又走,爬上山丘又行过田野,却没看见半颗蘑菇。一个村民以前曾采过蘑菇,他知道要去哪里找它们;他知道该去森林里的哪个地方。这个城里的人只看过盘子里的蘑菇,他听说它们生长在泥土里,便以为很容易找到它们,但事实并非如此。

身体只是四大的积聚
其中没有"人"或实体

修定也是一样。我们以为它很容易,但当坐下来时,感到脚痛、背痛,还有疲惫,又热又痒。然后我们开始沮丧,认为禅定远在天边遥不可及。我们不知应如何做,而陷入愁云惨雾中。但若我们能从中得到一些教训,它就会变得愈来愈简单。

当我们刚开始修定时，它很困难；当不知该如何做的时候，不管什么事都很难。但只管去修，这个情况就会改变，有用的最后一定会克服并胜过无用的。在奋斗的过程中会感到灰心，这是正常的反应，我们都经历过它，因此持续修习一段时间很重要。

这就如要穿越森林，起初障碍重重，几乎寸步难行，但我们一再努力而逐渐清出一条路来，经过一阵子后，我们移除枯枝与残干，地面在反复踩踏后变得坚实与平坦，我们终于有了一条通过森林的好道路。修心也是如此，持续地做，心会逐渐明亮起来。佛陀与弟子们从前也是凡夫，但逐步增上通过觉悟的各个阶段，经由修行做到这点。

对于如何禅修，佛陀的建议是什么？他教导我们要如地、水、火、风般修行。如"本源"——如四大元素：地的坚硬元素、水的湿润元素、火的温暖元素与风的移动元素一样修行。

若有人钻地，不会惹恼大地，它可以被挖掘、耕耘或灌溉，腐烂物可埋在它里面，它依然不为所动。水可以被煮沸、冰冻或用来清洗污垢，它都不会受到影响。火可以燃烧美丽、芬芳的事物，或丑陋、恶臭的事物，对它来说都没有关系。风吹时，它吹在各种事物上，无论新鲜或腐烂，毫无分别。

佛陀举了这个比喻，我们这个色蕴不过是地、水、火、风的积聚，若想要在此找到一个实体的"人"，你找不到，只有这些元素的集合罢了。但经年累月，我们从未想过如此拆解它们，去看看那里

无　常

究竟有什么,我们所想的只是:"这是'我',这是'我的'。"一直从自我的观点去看待一切,从未看见它们只是地、水、火、风而已。但佛陀这样教导我们,他谈论四大,并鼓励我们去看自己真的是如此。观察这些元素,并看见没有"人"或实体,只有地、水、火、风。

它很深,不是吗?它藏得很深——人们会看,但看不到它。我们一直都习惯以自他二元的角度来想事情,因此禅修不深,达不到实相,无法超越事物的表相。我们依然固着于世间惯例,而这意味着继续留在轮回中:得而复失,死而复生,生而复死,在惑、业中受苦。欲求或希望总是得不到满足,因为我们是以错误的方式在看事情。由于这种执著,我们其实离正法之道还很遥远。

现在就开始努力吧!修行佛法将使我们解脱痛苦。若无法完全解脱苦,那么现在、当下,我们应至少能解脱一点点。例如,当有人严厉指责我们时,若不生气,就已解脱苦;若生气,则尚未解脱苦。

当我们受到严厉指责的时候,若思维"法",将看见它只是一堆尘土。好,他在批评我——他只是在批评一堆尘土,一堆尘土在批评另外一堆尘土。水在批评水,风在批评风,火在批评火。

若真的如此看事情,别人可能会说我们疯了:"他什么事也不关心,没有任何感情!"当看到人死亡,而我们不伤心哭泣时,他们会说我们疯了。

第四部 无我

亲自证悟实相
就可自在安住

归根结底,修行与证悟的都是自己。解脱痛苦不能依靠别人对我们的看法,靠的是自己内心的状态。别在意他们会怎么说——若我们亲自证悟实相,就可自在安住。

当困难发生时,忆念"法",想想心灵导师教了你什么。他们教导你要放手,要自制自律,放下事情;他们教导你要如此努力以解决问题。你学习"法"的目的只有一个——解决自己的问题。

我们在此所说的问题是指哪些呢?你认为自己的家庭如何?你对它有任何问题吗?你对于孩子、配偶、朋友或工作有任何问题吗?这些事有时会让你头痛,不是吗?这些便是我们所说的问题。这教法要告诉你的是,你可以用"法"来解决日常生活的问题。

我们既然生而为人,就应以快乐的心情去生活。我们做好应尽的职责,若事情很困难,就练习忍耐。以正当的方式去谋生是一种修行,那是道德生活的练习。如此快乐与和谐地生活着,便已经很好。

然而,我们经常错失它。别错失它!你若去某个中心或寺院禅修,然后回家和人打架,那便是一种错失。你听懂我在说什么吗?这样做就是一种错失。它意味着你丝毫未见到"法"——那毫无利益。

02　无知——阿姜查明镜高悬

一位曾当过八戒女[1]的女士，讲述她初次遇见阿姜查的故事。由于听到很多关于他的传闻，因此当阿姜查1979年在伦敦时，她前往汉普斯泰德寺（Hampstead Vihara）见他。他问她是否禅修，她说曾参加过几次闭关，于是他问她对于"无我"的了解。

"我开始谈论，陷入非常冗长又复杂的解释。我滔滔不绝地议论'无我'，当我在说话时，感觉我的自我意识像气球般在膨胀。"她说。

当她说完时，阿姜查用泰语说了几个字。

"他说什么？"她问。

"他说你非常无知。"译者补述。

这位年轻女子并未感到受辱，她为阿姜查说那些话时诚恳的慈悲态度所吸引，最后来到泰国随他出家。

译　注

[1] 泰国僧团由比丘与沙弥组成，并无比丘尼与沙弥尼。不过，有一种穿白衣、

剃发的女性修行者,称为"梅齐"。她们是长期或终生受持八关斋戒的学法女,寄住在佛寺里特辟的地方,听闻比丘的教诫,也接受信施者的供养。她们因终生受持八关斋戒,所以又称为"八戒女"。

03　非"我"，非"我所"

传统上，阴历初一、初八、十五与二十三日被佛教徒视为布萨日，或"出家日"，在家人在这一天可整日待在寺院中闻法与修行。这是古老的佛教习俗。我们的祖先将一个月的 26 天分给在家生活，4 天分给出家修行，在家生活的天数要多许多。

四天作为出家日
听闻有关实相的开示

对我们来说，有机会在佛法中修行很重要。佛陀说："昼与夜不断地流逝，我们要如何利用时间呢？"他担心我们会忘失正念而放逸，因此提醒我们关于日子的流逝，而那不只是日子流逝而已——生命也在流逝。我们一直在变老，变得愈来愈老，有一天它会结束。因此，佛陀提出这个问题："昼与夜不断地流逝，我们要如何利用时间呢？"

佛陀一再告诫我们要念兹在兹：我们从哪里来？为何而来？带

我们来这里并继续引领自己的是谁？我们知道自己还能活几年或几个月吗？我们离开这里时会去哪里？

当我们想到昼夜的流逝时，就会不断地思维这些问题。当我们真的经常思考它们时，将了解到人生是不长久的。我们从儿童变为成人，很快地变老，变化每天都在发生。若看到这件事，我们就会更认真地注意自己的生活与行为。

因此，我们的祖先们立下一个月排出 4 天作为出家日的习俗。26 天是在家日，做世俗的工作与谋生；先照顾好事业，然后有 4 天上寺院或佛法中心去喘息一下，在那里可聆听教法并得到一些不同的观念。当你在家时，听到与想到的都是：这是"我"，那是"我的"。每件事都是"我"与"我的"。你绝对听不到任何人说："没有什么东西是'我的'。"但当你前来寺院聆听开示时，阿姜会说："这不是'我'，那些东西不是'我的'。"

"嘿，那是怎么一回事？"你会纳闷，"他们为什么那么说？这些东西当然都是我的。它们是我多年辛苦工作攒来的。这个老师在胡说吗？他为什么说'这不是我，那不是我的'？"起初你对它不知所措，不知该相信什么，过去你心中一直都认定这是"我"，那些东西是"我的"。

但每次来到寺院，你都持续听到同样的事：这不是"我"，那不是"我的"。冲突继续发生，世间与佛法相互矛盾，世间不会放弃它的观点：这是"我"；这些东西是"我的"。但阿姜持续告诉你："这不是'我'，那些东西不是'我的'。"

在经常接收到这些提醒一段时间,并观察自己的经验后,你会开始洞见事物的实相,这时才体会到阿姜过去告诉你的事是真的。但若只是偶尔来寺院,则你听到的是一回事,回家时听到与想到的又是另外一回事,冲突与矛盾持续发生,你会来来回回花很长一段时间才会看见实相,并下定决心。你必须通过这关——对说出实相的人感到困惑。但彻底思维与禅修之后,你会开始产生洞见。

"我"或"我的"
都只是假名而已

闻法便具有这样的价值,它会一点一滴渗透进来,而你也会开始认真与努力地审察。由于了解世间的过失——觉知自己的老化,你开始把它放在心上。多数人起初不想听到这些事,但经过一段时间后,我们会改变立场。此时,我们了解佛法是真实的,所谓的"我"或"我的"都只是一种假名而已。

想想你在家所拥有的事物,有什么东西曾破损或遗失吗?事物会改变吗?它们为什么不听从你告诉它们的话?这是一个能帮助你了解的例子。绝对别在意这些外在事物——你自己的身体如何?你为什么会生病?若你真的是自己身体的主人,你为什么会让它生病?身体就只是地、水、火与风。但诞生到这些身体里之后,我们却相信它们真的是自己的，因此一直在和它们，和这些无常法抗争。但我们根本不可能赢，我们一直遭遇挫折，最后还是得和它们分离。

我们无法协商自己死亡的时间，不能说："先让我的孩子长大。先让我赚一些钱。"你无法这么做。时间一到，它就是了。"但我的家人怎么办？谁来养我的配偶与孩子？谁来照顾我的父母？"那没用。死亡不会先征询你这些事。

若我们考虑这件事，将会真心趋入"法"。这就犹如看见一条如眼镜蛇的毒蛇在爬行，它有剧毒，若我们不知它是什么或没看见它，就不会提防它，可能因此踩到它而被咬。

我们知道眼镜蛇是什么，知道它有剧毒，当看见它爬来时，就会认出它并远离它，和它保持一段安全距离，因此不会受伤。虽然这条蛇有毒，但我们不受影响，不去招惹它并保护自己。毒还在那里，但它宛如不在一样，我们无须受苦。

就像这样，我们认出什么是有害的，而远离它。身与心本身可说就如毒蛇一般，你曾注意到这件事吗？当身体健壮时，你生气勃勃："太好了，我吉星高照！"但当你受病苦折磨时，则感叹："天啊！这是造了什么业？"那就是毒蛇。

心的情况也是如此。若事情进展顺利，你就很高兴并感到人生还不错。有事情困扰时，你可能为此失眠，躺在床上流眼泪。那就是毒蛇正在咬我们，但自己却浑然不觉。

无 常

学习"法"
以觉知自己的身与心

佛陀希望我们学习"法",以觉知自己的身与心。每天早晨在寺中课诵时,我们诵道:"色无常,受无常,想无常,行无常,识无常。"然后,"色非我、非我所",其他诸蕴也是如此。遍观身与心,除了无常之外,并无其他。没有什么东西是"我"或"我的",存在然后消失,生与灭,法尔如是,于一切时间、地点皆然。

有些人听到"没有东西是我的",他们便以为应抛弃一切财产,在一知半解下,会对这是什么意思以及如何运用它产生争辩。但面对此事要慎思,"此非我、非我所"并不表示应结束生命或抛弃财产,它是指你应放弃执著。

有世俗谛的层次与胜义谛的层次——名言与解脱。在世俗谛的层次,有A先生、B太太、M先生、N小姐这些名言,是为了在世间沟通与行事方便。佛陀并未教导不可使用它们,而是说,不应该执著它们为究竟真实的事,我们应该了解:它们是"空"的。

若我们只看表面,事物似乎是真实的。但若彻底观察,深入核心,它们不过如此:只是身、心,只是乐、苦,如此而已。到头来,若我们不了解这些事,它们便是有毒的,如致命的眼镜蛇般,我们因不知它是什么而伸手去抓或踩上去。

若心对它的欲望与烦恼毫无觉知,我们便会痛苦,它们会令我们陷入许多困惑与冲突中。当身体在变化的自然轨道上行进时,我们却对它哭泣与悲叹，这些都是身与心的毒蛇。

人们经历的可怕痛苦只是自心的产物，有些人非常害怕。那是因为他们让自己的心恣意妄为，过度思虑所致。当他们在暗处独处时，便会开始疑神疑鬼而心生恐惧，可能因此跳起来跑开。让他们跑走的只是自己的念头，无知的心就如此增生念头，它不是"我"，不是"我的"，一点也不确定，但它可被训练。若他够勇敢，便会有不同的想法，会鼓起勇气赶走恐惧的感觉。

因此，我们有 26 个在家人的日子，以及 4 个可前来修行的出家日。若无法前往寺院或禅修中心，我们应了解它们的目的是什么，然后在家里自修，最好别忘记诵戒日的原则。你有许多日子可照顾事业，因此可偶尔停止工作，花点时间训练自己的心。

在经过一段闻法与修行后，可再重返世俗生活，但心将变得混乱与困惑，因此再回来修行，然后又回到工作岗位。你学习像这样在世间走出自己的路，学习正道以便可谋生而不被它所苦。你逐渐了解无常，看见执取无常与不确定的现象总会带来苦果。

因此，这是智者传承下来的分配法，一个月排出 4 天来修行。那是一段内省的时间，目的是为了闻法、思维与禅修。若 30 天都花在世俗生活上，那将可能衍生出更多的烦恼。26 天就够了。

04 不要成为一尊佛

无论我们学习哪一种法,若无法在心中证悟究竟实相,永远不会安心。

唯有修行
才会真的知道"法"的味道

苹果是可用眼睛看到的东西,你无法借由看它而知道它的味道。你确实能看见苹果,看不到味道,但它就在那里。只有当拿起苹果并咬下时,你才会明白。

我们教导的"法"就如苹果,只是听闻,不会真的知道"法"的味道,唯有修行时,它才可能被体会,借由眼睛无法知道苹果的味道。有知识,没错,但它不切实际。人们必须将它付诸修行。然后生起智慧,直接证入究竟实相,看见佛陀就在那里。因此,我才会拿苹果来比喻它。

为了帮助弟子们觉悟"法",佛陀教导一条唯一的道路,但借由各种趋入的方法与特色，他不使用单一的教导形式，或对所有人都以同样的方式呈现"法"。但他教导的目的只有一个——觉悟究竟实相与解脱苦。他所教导的一切禅法，都是为了这一个目的而设。

问与答

问：有些人认为佛教是虚无主义，并想要摧毁世间。

答：他们的了解是不完全与不成熟的。他们害怕一切事物会消失，这世间将会结束。他们想象"法"是某种空虚与虚无的东西，因此当听到它时很沮丧，这样的想法只会导致伤心流泪。

你们曾看过人们害怕"空"时是什么样子吗？在家人就如老鼠般，试图累积财富并看顾它们。这能让他们避开"空"吗？他们还是得在一堆柴火中化为灰烬，失去一切。他们在世时试图执取事物，每天都害怕失去它们，想要逃避"空"。他们因此而痛苦吗？当然，他们确实痛苦。那是因为不了解诸法"无我"与"空"的实相；因为不了解这点，所以人们不快乐。

因为人们不看自己，所以并非真的知道生命中正在发生什么事。你如何停止这个妄念呢？人们相信："这是'我'，这是'我的'。"若你告诉他们"无我"——没有东西是"我"或"我的"，他们立刻想反驳这点。

即使佛陀在达到觉悟后，想到这点时也感到犹豫。当他最初开悟时，认为要向别人解释解脱道太困难了，但随即了解到这种态度是错误的。

若我们不教导这些人，那么要教导谁呢？这是我的问题，在感到心灰意冷不想再教导时，我经常如此问自己：若我们不教这些迷惑者，要去教谁呢？其实并无别的选择。当我们心灰意冷想逃离别人时，我们是迷惑的。

问：若我们发愿成为"辟支佛"（Pacceka Buddha，意即"独觉"，无师自悟且不教导他人者），你看怎么样？

答：这些术语只是心境的比喻，想要成为什么是一种负担，别想成为任何东西！完全不要成为任何东西！成为一尊佛是负担，成为辟支佛也是负担，别有任何欲求。"我是史密斯先生。""我是个受人尊敬的比丘。"相信你真的那样存在即是苦。"史密斯先生"只是个假名。"比丘"只是个假名。

若你相信自己真的存在，那会带来痛苦。若有史密斯先生，那么当有人批评他时，史密斯先生会生气。若我们执著这些事为真实的，结果就是如此。史密斯先生被牵扯进来，并准备战斗。若没有史密斯先生，那就没有一个"人"——一个会回答电话的人。丁零、丁零——没有"人"接电话。你不成为任何东西，没有人成为任何东西，因此没有痛苦。

曾经有个比丘来看我，他迫不及待地透露："隆波，我已达到入流果（初果）！"

我所能想到对他说的话只是："嗯，我想那比成为一只狗要好一点。"（在泰国称某人为"狗"是最严重的侮辱之一，人们不会随便那么说。）他不喜欢那句话，因此愤愤不平地走开，这位入流者生气了。

若我们认为自己是什么东西或人，则每次电话响时，拿起它就会被牵扯进去。我们怎么能让自己摆脱此事呢？必须仔细观察它并生起智慧，了解到并没有一个史密斯先生在接电话。若你是史密斯先生并回答电话，你将让自己被牵扯进痛苦中。因此，别成为史密斯先生。只要知道这些名字与称谓都是世间惯例即可。

若有人说你好，别自以为是。别以为："我很好。"若有人说你差，别以为："我很差。"别试图成为任何东西。知道正在发生什么事，之后也别执取这觉知而想："我是一个觉知者。"

人们无法这么做，他们不知道它是怎么一回事。我喜欢举楼上与楼下的比喻。当从楼上下来时，你是下楼，看见楼下。当再去楼上时，你看见楼上，中间的空间你没看见。那意味着并未看见涅槃。

我们看见事物的形色，但未看见贪爱，对楼上与楼下的贪爱。那是"有"与"生"，我们持续活在"有"中成为某件事物。无"有"之处是"空"的，他们只说："那里没有东西。"真正的修行便需要去觉知这个"空"。

从我们出生那天起，就一直依赖"有"，依赖"我爱"（self-grasping）。有人谈到"无我"时，那太奇怪了，无法轻易改变我们的想法。因此,需要通过修行让心看见这点,然后才会相信它:"哦,它确实是真的!"

当人们想着"这是我的,这是我的"时,他们感到快乐。但当那件"我的"事物不见时,他们则将为它哭泣。这就是痛苦生起之道。我们可观察此事,若无"我"或"我的",就能在活着时善用事物,不会执著它们为我们所有;若它们遗失或毁损,那也是很自然的。我们不将它们视为我们的,或任何人的,且无自、他的分别。

我认为贪爱与执著导致人们害怕改变与死亡,出生之后,他们就不想死。但那合理吗?那就如把水倒进玻璃杯,却不希望将它倒满一样。若你持续倒水,无法期待它不满,但人们出生之后却不想死。试想,若人们出生后永远不死,那会带来快乐吗?若生到这个世上的人都不会死,事情将会更糟糕。我们最后可能都得吃粪便!我们将栖身何处?那就如不断把水倒进玻璃杯,却不希望它被倒满一样。我们真的应把事情彻底想清楚,若真的不想死,就应该如佛陀所教导的去了解"无死"。你们知道"无死"的意义吗?

虽然你死了,你若具有了悟无我的智慧,就犹如没死。不死、不生——事物在此可被了结。出生并欲求永生的快乐与享受绝非正道,但那却是人们所希望的,因此他们不可能灭苦。真正的修行人不苦,普通修行人依然痛苦,因为他们尚未圆满修行之道,还不了解"无死",因此依然痛苦,依然受制于死。

从子宫出生后,我们能避开死亡吗?除了觉悟"无我"之外,并无其他避开死亡之道。"我"不死,只有"行法"(有为法)根据它们的自然本质在迁流变化。

当别人看着这样一个人并试图理解他时，可能会认为他疯了。但此人不是疯子，而是一个精进的行者。这种人采取各种不同的方式，才真的知道什么事是有用的。

觉悟者看世俗凡夫时，认为他们如小孩般无知，而凡夫看觉悟者则认为他疯了，但他对于他们所赖以生存的事物完全不感兴趣。换个方式说，阿罗汉很像疯子。人们看见阿罗汉时，会认为他疯了，若你咒骂他，他不在乎，无论对他说什么，他都不反应，像疯子般——看似疯癫，却具有正念正知。真正发疯的人当被咒骂时也许不生气，但那是因为他不知道发生什么事。人们观察阿罗汉与疯子可能认为他们是相同的，但疯子是最低者，活在具有强烈我爱的情况中；而阿罗汉则是最高者，解脱一切自我的观念与执著。若只看外表，他们也许很相像，但他们的内在觉知和对事情的看法却截然不同。

好好思维此事。当某人说某件事应会让你生气，而你却一笑置之时，人们可能会认为你疯了。因此，当你教导别人这些事情时，他们不太容易了解。对他们来说，必须内化与直接体验它，才可能真正了解。

05　我的牙齿、我的枕头、我的椰子

我们听到"法"的言语,例如"没有东西是我或我的",可能认为自己相当了解。当我开始修行时,先修习身至念[1],并感到对于"无我"有些洞见,逐渐不执著事物。然后有一天,我掉了一颗牙齿。

"啊!我的牙齿脱落了,看来我正在变老。"突然间,我感到忧郁与沮丧。

之后,我决定进行头陀(tudong)苦行,那应该是种极简生活的练习。通常你只准备衣、钵与几样基本配备,例如滤水袋、针与线。我认为自己并无太多财物牵挂,且少欲知足。但当在准备打包时,我却舍不得抛开任何东西。我整理了一大袋,看起来似乎已超过它所能负担的程度,然后我想到枕头,决定必须也带着它。每样东西似乎都是我的,且似乎都如此必要——甚至包括我用来擦地板的椰子壳。

译 注

[1] 身至念是"身念处"的 14 种禅修法之一,将身体分成 32 部分作为禅修的主题,前五项是头发、体毛、指甲、牙齿、皮肤。修持时以厌恶作意正念于身体各部分的不净,是止业处;若以四界(地、水、火、风)观照,是观业处。修习此法能去除对五蕴的执著而获得解脱,是佛教特有的修行方式。参见《清净道论》第八《说随念业处品》与第十一《说定品》。

无 常

第五部 禅修要点

01 止与观

禅修的安止，通常被区分成由定产生的平静与由慧产生的平静。在由定产生的平静中，必须避免自己和他人互动与接触，眼必须远离色，耳必须远离声，然后不见、不听、不识等，将可因此达到安止。

无论经验什么
都只是法尔如是

这种平静自有其价值，但它并非究竟的，而是暂时与不可信赖的。当感官接触可爱或不可爱的外境时，它因为被吸引或不希望它存在而改变。因此，心必须一直和这些境对抗，智慧不会生起，因为禅修者一直因为那些外在因素而无法平静。反之，你若决定不逃避而直观事物，将了解缺乏安止不是因为外境或外缘，而是由错误的了解所致。

当你一心一意想在禅修中找到安止时，可找个最宁静与偏僻的地方，在那里不会遇到形色或声音，不会发生干扰你的事，心便可沉淀下来并达到安定，因为那里没有刺激它的事。检查这个状态，去看看它有多少力量：当走出那个安静的地方并开始经历感官接触时，注意你如何变开心与不开心、高兴与沮丧，以及心如何被扰乱。那时你将了解这种安止是不真实的。

无论经验领域中发生什么事，都只是法尔如是。当某件事令我们开心时，就判定它是好的；当某件事令我们不开心时，则说它不好，这只是我们的分别心在给外境贴标签。

了解这点，我们就有了一个观察这些事并如实看见它们的基础。当禅修中有安止的时候，它无须做许多思维。有某种具有觉知特质的敏感度会从安止心中生起，这不是思维，而是择法觉支[1]。

禅定不只是打坐
在一切姿势中都可能有禅定

这种安止不会受到经验与感官接触干扰。但问题来了，"若它是安止，为何还会有事情发生？"在安止内有某些事情发生，但并非以普通的方式发生，它只是如实显现而不会被过度延伸。在安止中发生某件事时，心非常清楚地觉知它，并生起智慧。

我们如实观察事物发生，此时安止会遍及一切，当眼睛见色或耳闻声时，我们认出它们的实相。在后面这个安止的形式中，当眼见色时，心是平静的；当耳闻声时，心是平静的。无论经历什么，

无　常

心都不为所动。

这种安止正来自另一种安止——那种无知的定，那是使它生起的因。智慧来自安止，了知来自不知；心从不知的状态，从像这样的学习观察中逐渐了知。定与慧等持，无论在哪里或做什么，我们都看见实相。我们了解心中经验的生与灭，然后不再多事，没有任何事要被更正或解决，不再有疑虑，哪里也不想去，不再逃避。

我们只能通过智慧出离，如实觉知事物并超越它们，然后得到安歇。一旦练习达到目标，觉知目标，并成为目标，此后当我们活动时，决不可能招损或受害。当端坐不动时，我们决不可能受到伤害，无论任何情况，没有任何事可影响我们，修行已趋于圆满，已达到目的。

也许今天并无机会坐下来禅修，但我们没问题。禅定不只是打坐，在一切姿势中都可能有禅定。若能真的在一切姿势中修行，我们将可如此受用禅定，没有任何事可妨碍它。我们不会说："我现在内心不清明，因此无法修行。"我们将永远不会有那种感觉。修行就应该是如此，没有疑惑与纠葛。

译　注

[1] 择法觉支是七觉支之一。在禅修中，它是种直觉的、具有辨识力的慧，可辨别"法"的特性，通达涅槃的本质，是"智慧"的同义词。

02　流动的止水，静止的流水

静止是定，而流动是慧。我们禅修让心安定，如静止的水一般，然后它可以流动。

一开始，我们学习止水像什么，以及流水像什么。修行一段时间后，我们将看见它们如何相辅相成。两者都在静止与流动，这是一件不太容易想象的事。

我们可了解止水不流动，也可了解流水不静止，但当修行时，我们同时体会两者。真正修行人的心就如流动的止水，或静止的流水，行者心中无论发生什么事都具有那种特质。只有流动是不正确的，只有静止也是不正确的。当我们具有修行的经验时，心将处于这种流水是静止的情况。

这是我们从未看过的事。当我们看见流水时，它就是在流动；当看见止水时，它不流动。但我们的心，真的会如静止的流水一样。在佛法的修行中，我们有禅定或安止，以及智慧等持。然后，无论坐在哪里，心都是静止的，且是流动的——静止的流水。

每当此事在行者心中发生时，它都是特殊与奇异的，和我们一直以来所知的凡心不同。从前，当它流动时，它动；当它静止时，它不动，就只是静止——心可如此比喻为水。但通过禅修，它进入一种状况，即如静止的流水一般。无论我们在做什么，心就如流水，不过是静止的。让我们的心像这样，定慧等持。

第五部 禅修要点

03　落实修行

佛陀教导我们要有适合禅修的生活条件：舒适的环境、滋养色身的食物与善知识。但好条件实在难寻。教法谈到这些好条件，但它们该去哪里找呢？我们四处找寻，但似乎很难遇见它们。

因此我们想知道，需要什么才能舒适地修行呢？我们认为若拥有一切对的事，包括好的食物、舒适的环境与良师益友，就能搞定一切。事实上，在这么美好的情况下，我们可能会死于轻忽与放逸。

人们对于适合修行的舒适情况有许多想法与欲望，但我们若有一颗少欲知足的心，则无论走到哪里都能很自在，留下来很好，去也很好。但对多数人而言，若缺少物资，就不会快乐；若物资过剩，它又会变得困难。不论如何它似乎永远都不对劲，也许不认同人们做事的方式，将为此感到不快乐，或可能听到的教法与自己不太相应。

佛陀的教法是正确的，只是我们的心还没做对。人们说："我想要认真修定，因此要离开这地方。我想要专心修定，并落实它。"

但"落实它"是什么意思呢？他们不知道它是否真实。若它是真实的，心就会变得很平静！若他们是在落实修行，为什么还不平静呢？这是必须要衡量的事。当它不是"真实的"时，就会不平静。

真实地修行佛法是什么意思呢？有许多你可修行的禅法。那就如世人以各种方式在谋生：有农夫、商人、公务员、工程师、制造各种商品的工厂作业员，它们都被归纳为谋生。对我们来说也是如此，我们称它为修行佛法，但重点是它应该引领你到放下，到止息，到爱取灭尽。

04　认真的学生——阿姜查对于密集禅修的看法

虽然阿姜查身边的人对他心存敬意,但他并不希望人们盲目地追随他,或只是尝试仿效他们认为禅修者应做到的理想。他挑战人们的思想,但他不会只是对他们说:"不,你错了!这是佛陀所说……"反之,他会把追求解脱的责任交回他们的手上,让他们自行去发现真谛。

一个比丘来找阿姜查,请求让他单独修行一阵子——托钵,并就地吃饱后,便返回茅棚独自禅修,而无须参加每天的团体行动,包括用餐、做杂务、唱诵与共修。阿姜查以严厉的语气夸张地问他:"你认为那样就可以解脱烦恼了吗?你看不见与听不到就可以开悟了吗?"这名比丘静静地坐着,一副受委屈的样子。阿姜查随即停顿了一下,并改变语气说:"好,试试看吧!"

许多前来巴蓬寺的西方人认为他们应该尽可能禅修,而无须浪费时间在团体活动上,例如唱诵或勉强坐下来聆听他们听不懂的开示。其中一位最初来寺者请求允许在团体禅修结束后便离开会堂，好让他返回茅棚修行，无须和别人一样留下来继续唱诵与聆听开示。

虽然阿姜查经常说必须让一切活动都变成禅修，却仍同意此事。每天晚上，时间一到，他就会对大众宣布："现在那个美国人要去单独禅修了。"然后，一位尴尬的比丘便赶紧起身离开。

过一阵子之后，他开始感觉那真是一件蠢事，他决定随顺寺院中的生活方式，并信赖阿姜查为他的老师，他的禅修体悟从此时起才真的开始深化。

05　禅修指导——阿姜查与学生间的问答

问：我想得到平静，想禅修并让心变平静。

答：就是这个——你想得到一些东西。若真的想要这个，你必须想想是什么因素造成心的不安。佛陀教导事出必有因，但我们却期盼捡现成的果，那就如没种西瓜却想吃西瓜一样。那么它从哪里来呢？你只是偶尔得到一些，你便想："啊，它好甜，好好吃！"于是你想要更多："嗯，我怎样才能得到更多西瓜呢？它来自何处？人们怎么有西瓜可吃呢？"但光凭想象是无法得到的。

我们必须把它彻底想清楚，才能看得到全貌。检视心的一切活动，在这个世间出生之后，我们为何会有痛苦、困难与负担，且一再为相同的旧事受苦？因为我们的认知不够彻底。

问题是什么？我们在作茧自缚，却不了解症结所在。住在家里，我们觉得很难和配偶、小孩或其他人相处。我们谈论它，但不是确实了解它，因此它真的很难。努力让心达到禅定也一样，我们想不出为什么自己无法证入禅定。我们必须了解因果的真谛，是什么因素让自己陷入这种情况中。一切皆从因生，但我们不明白。

那就如我们有个装满水的瓶子，喝光之后还想要更多——但瓶子已流不出水来。若我们从河中取水，就可一直喝，因为河流的水源源不绝。

深观无常、苦与无我，并彻底觉知它，就如从河中取水。世俗肤浅的知识不会彻底了知，但借由敏锐的洞见，我们充分了解这三相的深度与法味。之后无论发生什么事，都能看见它的实相；当它息灭时，也看见那件事的实相。心一直在察觉实相，凭借这个见解，我们达到一个安稳处，在那里无须担负痛苦或困难。贪爱事物并给它们贴标签的问题，将持续减轻。我们看见事物生起，并看见它们息灭，再次生起与再次息灭。经常检视这个"法"，多观察它，多培养这个觉知。结果将是离染与离欲，你对每一件事都变得没有欲爱。

与耳、眼、鼻与舌接触的事物，以及心中生起的事物，我们都将清楚了知——将看见它们都一样。看见诸法都具有无常、苦与无我的本质，它们一点也不值得贪爱，离染之心油然而生。当眼见色或耳闻声时，如实觉知它们。心快乐或痛苦时，或当它有可爱或憎恶的反应时，都觉知这些事。若执取这些事，它们将缠住我们，并立即将我们带入"有"中。若放开它们，它们将走自己的路。放开色法，它们将沿色法之路走；放开声音，它们将沿一切声音之路走。但当需要时，我们还是可以利用它们。

让事物跟着它们的本质走，放开它们。若我们如此觉知，将会看见无常的事实。显现的诸法都是幻相，无一例外，它们都是虚妄的。唯有看出它们是假象时，我们才可能真的得到自在。有了正念、正知与智慧，我们看不到任何东西，只看到"法"生起以及法尔如是这个事实。即使当我们并未特别做什么事时，无论可能在想什么，都将看出我们的想法就只是如此，且不会为之所困。若心变安止，我们会想："安止：没什么大不了。安止并非永恒的。"只有无常法，别无其他。我们坐在哪里，"法"就在哪里，且智慧生起——那时候还有什么事能够让我们痛苦呢？

我们为不是真实可得的事物痛苦，因为想着不值得想的事。我们有各种欲望，且希望事物成为某种特定的方式。希望成为什么——例如你若希望成为阿罗汉、完全觉悟者——即是给自己带来痛苦。佛陀教导我们别想成为什么，因为他了解想得到与成为什么这件事本身即是痛苦。

问：我想找一个适合个性的禅修对象，有时我长时修习念佛，但心却定不下来。我尝试修习身至念、念死，但是都无法得到安止。因此，我对该怎么做全然不知所措。

答：放下它。当你全然不知所措时，就放下。

问：有时有一些安止，但随后许多回忆便开始进来，于是我再次分心与散乱。

答：就是这个——无常。无常！一切都是无常。只要持续教导你的心："不确定，不一定！"一切心理现象绝对是不确定的，别忘了这点。若心不安，那是不确定的；若心平静，那也同样是不确定的。别执著这两种状态，且别把这任何一种情况视为真实的。"心是无常的。"你听过这句话吗？你研究过这句话吗？对它你会怎么做？

安止不是恒常的，不安也不是恒常的。因此你应如何修行呢？应如何看待事物呢？若具有正见，就会了知安止与不安这些情况都是不确定的。然后会有哪种感觉呢？持续观察此事。

若心变平静，那会持续多少天呢？若它不安，又会持续多少天呢？只要持续说："不确定！"然后事情会停在哪里呢？如此持续，不着两边。

你修习念佛但不平静，修习入出息念也不平静。你为何那么执著安止的概念呢？修习念诵"佛陀、佛陀"（Buddho，Buddho）并了知不确定性。别把你的心境看得这么严重，无论平静或不安，由于这个爱著的缘故，它们都是在戏弄你。我们必须比它们聪明一点，当这两种情况出现时，觉知它为不确定，然后事物止息。试试看！无论发生什么事，都持续以"不确定"对治它。通常我们不以正念对抗或经历它，而是跟着它团团转。

若有人想要做许多禅定的练习，我为之喝彩。经上说到有两种解脱——定解脱与慧解脱，"解脱"是意指灭除渴爱与无明的杂染。由定解脱者，透过禅定培养心力，终而产生智慧。

有些树浇许多水会长得很好，但有些则只需要少量的水。就如此地的松树——别浇太多水，否则它们将会死在你的手上。有些树只需要很少的水就能长大与开花，它们如何办得到，可能会让人感到有些奇怪。

禅修也是如此。在定解脱中，你严格地禅修，需要培养许多禅定。这是一种方式，就如树为了长大需要许多水，但也有树不需要太多水。

因此，他们说达到解脱，有定解脱与慧解脱两种方式。要达到解脱，行者当然必须凭借智慧与心的力量。这两种方式并非真的不同，那么为何有此区别呢？那只是一种说法罢了，你若把它看得太严重，并尝试区分它们，只会让自己感到迷惑。

它们确实在某些观点上，各有些许的强调重点。称两者相同并不对，而说两者相异也不对。这就如谈论性行[1]，教说中提到贪性行、瞋性行、痴性行与觉性行，那是指出某个倾向比其他的强。它们只是用来分类事项的名相，但请别忘记，我们一切学习以及所做各种修行的重点，是为了通过了悟诸法无常、苦与无我的本质，来达到解脱。

问：我们如何统一修定与禅观，例如观生命无常？

答：在开始之前，我们应坐下并放松心情，它很像做缝纫之类的事。当学习使用缝纫机时，首先我们只是坐在机器前熟悉它并感到舒适。若修入出息念，首先我们只是坐下并呼吸，不把觉知固定在任何事物上，只是注意自己正在呼吸，注意呼吸是否放松，以及它是长或短。然后，开始在三点上专注入息与出息。

无 常

在呼吸通过鼻孔、胸腔与腹部时,把注意力集中在它上面。当空气进入时,先通过鼻子,然后通过胸腔,最后到达终点腹部。当它离开身体时,开始是腹部,中间是胸腔,最后是鼻子。我们只是注意它,这是开始控制心的方式,觉知入息与出息的初、中、后点上。

我们如此修行,直到它进行得很平顺。下一个阶段是只集中觉知呼吸接触鼻尖或上唇的感觉,而不在意呼吸是长或短,只集中在进与出的感觉。

可能有各种根、境接触或想法生起,这称为"寻"(vitakka)。它带来一些概念,可能是关于有为法的本质,关于世间或其他任何事物。一旦它出现,心会希望涉入它或同化它。若它是善法,就让心取用它。若它是不善法,就立刻停止。若它是善法,让心观察它,轻安会生起。在呼吸进出时心将是明亮与清晰的,这些"寻"思出现,心取用它们。然后它转变为"伺"(vicāra)。心逐渐熟悉禅境,自我策励并同化它。

你正在打坐,突然间脑海中浮现出某人的念头——这是"寻"。然后你寻思此人并开始想到关于他的细节——这是"伺"。例如我们想起死亡的概念,然后开始思维它:"我会死,别人也会死,一切众生都会死;当他们死时,会去哪里……"停!停止并再把它拉回来。若它跑开,打断它并回到入出息念上。持续如此做,直到心是明亮与清晰的为止。

当你继续时,"寻"与"伺"会一再出现。若善巧地观察禅修

第五部 禅修要点

对象,如生命无常,此时心将体会更深的安止,并生起狂喜。有"寻"与"伺",而那将带来愉悦与狂喜之心。若你以适合自己的禅修对象修习"伺",你可能会经历寒毛直竖并泪流满面,一种极喜的状态——狂喜生起时,会发生许多不同的事情。

"喜"过一阵子之后,会开始减弱与消失,因此你可再次进行"寻"。心将变得坚定与不动。然后再继续进行"伺",心将与它合一。当你在修习适合自己性行的禅法并顺利进行时,无论何时取用禅修对象,心都将变得轻安。来回进行寻与伺,一再重复,狂喜会生起。然后是乐。

这发生在坐禅时,在坐了一段时间之后,你可起身修习行禅。心在行禅中也可能与坐禅相同。没有任何贪、瞋、掉举、昏眠与疑盖,心将清净无染。

问:这可能发生在任何一种思考的情况下吗?或它只能在安止的状态下发生?

答:它发生在心是安止时,而非普通的攀缘心。你以平静的心打坐,然后"寻"生起。例如我想到刚去世的兄弟。此时心是安止的——这安止不是什么确定的事,而是心暂时安止。在"寻"生起后,我接着进入"伺"。若它是一连串善巧与健康的思想,它将导致内心轻松安适,然后有狂喜,伴随切身的经验。这狂喜是来自"寻"与"伺",它发生在平静的状态下。我们无须赋予它如"初禅"、"第二禅"等的名相,可以只称它为"安止"。

下一个禅支是"乐"。最后,随着安止加深,我们抛开"寻"与"伺",心的状态变得愈来愈微细。"寻"与"伺"相形下较粗,因此它们会消失,剩下的只是"喜",伴随着"乐"与"一心"。当它成熟时,将没有任何东西——喜与乐消失,心是"空"的。那是禅定。

我们无须固着或安住在这任何一种经验上。它们将自然地从一阶进步到下一阶。它意味着心变得愈来愈安定,它的对象稳定地消减,直到没有任何东西,只剩下"一心"与"舍"为止。

心安止与集中时,这可能发生,那是已达到安止之心的力量。贪欲、瞋恚、疑、昏眠与掉举五盖将不再出现。虽然它们可能依然潜存在禅修者心中,但是此时它们不会发生。

禅修中的重要原则是,无论发生何事都别怀疑,疑惑只会增加纠葛。若心是明亮与清醒的,别怀疑此事。只要持续精进修行,别被困在对那些状态的反应中。对它们保持觉知,别对它们起疑惑,它们只是如实存在而已。

当修行时,这些状态是在进步过程中会遇到的事。觉知它们,并保持放下。无论心是黑暗或光明的,别固着于这些情况。持续行禅或坐禅,持续注意正在发生的事,别被绑住或沉迷其中。别让自己为这些心的情况痛苦。有时心是喜悦的或悲伤的,可能有快乐或痛苦,也可能有障碍。别怀疑,了解它们只是心无常的情况,一切出现的事都是由于因缘成熟而产生。此刻,这情况正在出现——那是你应该了知的事。

第五部 禅修要点

问：我们应闭上眼睛排除外缘，还是应看着事物并处理它们呢？

答：当刚开始修行时，应避免太多感官输入，因此最好闭上眼睛。别看可能干扰或影响我们的对象，加强心的力量。在心够强壮时，就可睁开眼，无论看见什么都不会影响我们，此时睁眼或闭眼都无妨。

休息时，通常会闭上眼睛。闭眼坐禅是行者的安歇处，我们从中得到享受与休息。但无法闭眼时，我们能处理事情吗？我们闭眼打坐并从中获益，而睁眼时，则可处理遭遇的任何事，事物不会失控——我们不会有任何漏失，基本上我们只是在处理事情。只有在回到坐禅时，我们才真的是在增长智慧。

这是增长修行的方式。当它达到圆满时，此时无论睁眼或闭眼，它都会是一样的，心不会改变或脱轨。在一天早、中或晚的一切时中，心的状态都将相同，没有任何事能动摇它。快乐生起时，我们了知："它是不确定的。"然后它通过。痛苦生起时，了知："它是不确定的。"而它也一样会过去。

在禅修中，我们将遭遇各种心理活动与烦恼的生起。正确的见解是立即放下一切，无论快乐或痛苦。虽然快乐是我们所欲，而痛苦是我们所不欲。了知它们都具有相同的价值。这些都是我们会经历的事。

快乐为世间人所欲求，痛苦则非人们所欲。涅槃是超越欲与不欲之事，在涅槃中不涉及任何欲求，并无想要得到快乐、解脱痛苦或想要超越快乐与痛苦。那便是平静。

译 注

[1] 性行是指通过个人的自然态度与行为所显露的性格，由于过去所造业的不同，人的性格也因此不同。阿毗达磨诸论师将性行分成六种：贪、瞋、痴、信、觉、寻，如贪行者适合修持十不净与身随念等11种业处。

06　它是什么——阿姜查的禅修

　　阿姜查对于禅修是采取一种单刀直入的态度，且建议人们别被困在疑惑中或过度延伸禅修的经验，无论它们看起来多么不寻常。在一篇早期的传记中，他描述一天晚上所发生的禅修经验的一连串转变。他感到身体扩张并爆炸开来，伴随着巨响，当它结束时，他问自己："那是什么？"

　　答案立即在他心中呈现："法尔如是。"那为他解决此事，它成为他趋入禅修的方式，并为他的修行带来不可动摇的特质。

07　别沉迷于安止

年轻时，我曾以错误的方式寻求平静。我会坐下来修定，但心却静不下来。它狂野放肆，无论我如何尝试把它拉回来都无效。若它真的回来了，也待不住。

别沉迷于安止
也别沉迷于散乱

怎么办？我应停止呼吸吗？我曾试过屏息，尝试迫使心停止乱动，但它还是会动。于是我屏息更久，但屏息愈来愈久唯一可能的结果是，我最后将窒息而死。

同样的情况也发生在我感觉禅修受到声音干扰时，我用蜡封住耳朵。我真的把它们塞得很紧，好让自己听不到任何声音，这看似是个好办法——再也无外来声音能干扰我。但我开始想：若不听或不看任何事是成佛之道，那么聋人与盲人应该都已开悟，全聋者早该成为阿罗汉。

因此，我持续思维此事，直到获得一些了悟为止。我了解到，只试着把事物挡在外面，无法真的保护我，因此我停止那么做。我了解造成问题的只是自己与自己的执著，因此我现在有很多遗憾。想到过去刚开始禅修的方式，那时的我是多么愚痴，我真的觉得很糟。我为了脱离痛苦而修行，但却只为自己招来痛苦，结果是我从未有过平静。

在心转为安止时，会很快乐，若因而得到数日平静，我们觉得那真是值得高兴。然后有一天，突然间觉得如坐针毡，我们坐不住，什么事也不能做，心是如此狂乱不安。我们百思不得其解，为何它不再像以前一样，过去那几天是如此平静，我们忍不住会期待那个经验再回来。

就在这里我们迷惑了，心的情况会改变，它们不是固定、确定与可靠的，那是它们的本质，一直都是如此。太阳底下无新事，没有什么事是不同或独特的，它们都受制于这些相同的特质。我们必须持续观察心的反应，它喜欢一些事物而讨厌其他事物的方式。当喜欢时，我们感到高兴，这种高兴的感觉只因迷惑而产生，而非因我们是对的。

你若是安止的，别沉迷于它；若是散乱的，也别沉迷。佛陀教导我们别陶醉其中，这适用于一切经验，毫无例外。若总是想要更多，则我们总是处于混乱的情况中。因此，佛陀说只在止禅（samatha）中并无智慧。

全方位体验外境
了知事物的实相

在止禅的修习中，首先可能因远离外在欲境而感到平静，未听到声音，未经历其他的感官欲境，我们可以平静。就它本身而言那是好的，因为能暂时避开事物。就如某些疾病，例如癌症，它可能暂时是隐性的，没有疼痛或肿瘤等症状，因此这个人在疾病发作前，都觉得还不错。

那是处于止禅中，不注意任何事，觉得自己没有烦恼。但当我们离开平静的环境，开始遭遇形色与声音时，可能会被那些事扰乱。那么，接下来你能怎么做？在这世间你可藏身何处呢？你可以到哪里而不用看、不用听、不用嗅、不用尝，或身体不和任何事物接触呢？

佛陀希望我们的眼睛去看东西，耳朵去听声音，鼻子去嗅气味，舌头去尝味道，身体去感受软、硬与冷、热。他希望我们有这个全方位的体验，而别活在完全孤立的环境中。他希望我们去经历这些事，并了知："啊哈！这就是事物的实相。"这是我们生起智慧的方法。即使我们并未一直在坐禅或行禅，心仍能保持正念与正知，精进修行毫不放逸。善巧者就以此方式修行佛法。

你们见过以前的禅修大师吗？他们对事物并无分别心。我们无法真的了解他们的平等心，因他们的心是冷静且有智慧的。每次痛苦尝试接近时，都无法动摇他们；快乐生起时，也无法动摇他们。

"别烦我，小朋友！"那是他们看待这些事物的方法。当痛苦生起时——"别烦我，小朋友！"他们是大人，烦恼只能无助地坐在一旁。我们看着他们，并好奇他们是如何办到的，我们自己的心正为这些事而热恼。

因此，经上说，我们应找一位已成就的心灵导师，以他或她的例子为基础，然后长期思维它。

08　持之以恒

逐渐地，我们可以从事禅修。我们尚无深奥的智慧，并非真的知道自己在做什么，但可一次进步一点点。我们可能不知道自己有进步，但可一点一滴地做。

当吃东西时，在第一口之后就饱足了吗？你不会有那种感觉。但可说已饱足，虽不是很饱。吃第二口，你更饱，但它依然只是一点点。若持续吃，一次一点点，你将会达到目的。想一想，向前看，你将看见自己要去哪里，最后你将缓慢咀嚼最后一口。积少成多，饥饿减少，直到最后你将满足——可能饱到无法再看食物一眼的地步。你所吃下的每一口，一次一口，已经填满你。

此地的老人会告诉你，干竹子里有火。从前，火柴很难取得，且并非经常有效。当人们进入森林时，只能找一些干木柴，他们知道里面有火。每次想煮东西时，只要把两片干竹子放在一起摩擦就能点火。他们只是持续摩擦它们，起初柴枝是冷的，摩擦一段时间后，它开始转热，然后有烟。它确实在一段时间后会转热，且更久之后冒烟，最后起火。

现在他们的子孙与后裔——处于现代的我们，不太有耐性，若尝试摩擦竹片生火，两分钟内就会不耐烦。我们受够了，并放下柴枝："休息时间到了！"然后当我们再次捡起它们时，发现它们冷了。我们开始再次摩擦，但由于是重新开始，因此它们无法很快变热，我们再次不耐烦。像这样可能持续一小时或一整天，都还看不到任何火苗。我们擦了又停，擦了又停。然后开始批评老人："这些老家伙疯了，不知道在说什么，他们一定是在说谎。这段时间以来，我一直在摩擦柴枝，但仍一无所获。"

若我们的了解与对修行的投入不够深入，就会发生这种事，明明还不够热，却期待有火。老人们已办到，他们知道它得经过一番努力。你必须持续摩擦，不要休息，否则只会得到冷柴枝。

这就如学生来到这里学习禅法，听闻一些教法便想赶快获得它，希望找到最快速成就的禅修方法。我告诉他们："欲速则不达。"有"因"与"果"，要想怎么收获，先得那么栽；"果"不会因我们希望而自己从天上掉下来。"最快速"——连佛陀也却步。

我们将因为持续努力而逐步成就道业，就如有人摩擦竹片取火，不停地摩擦，热度便会增加。他愈摩擦，它就变得愈热，当烟冒出时，火就不远了；但在取得烟时，他并不休息。那并非儿戏，因此他知道必须持之以恒。以这样的方式，他取得火。

09　高远理想与日常挫折——一位年轻比丘与阿姜查

当一位年轻比丘初次来到巴蓬寺说要会见阿姜查时，他自以为是个有能力的禅修者。他谈到和不同禅师相处的经验，觉得自己一定给大师留下了深刻的印象。阿姜查没说半个字，而是离开座位，趴在地上，像狗一样开始四处嗅闻。这个年轻人了解阿姜查可能试图告诉他什么事。

他留下来进行修炼，不久后开始感觉自己一事无成，且生活枯燥，缺乏乐趣与意义。他相信自己再也笑不出来，因此去找阿姜查。

阿姜查告诉他："你就如一只幼小的松鼠，看见成鼠爬树且在枝头间跳跃，也想要那么做。因此，它以一只脚爬出去却失去平衡，然后'砰'的一声掉到地上。母鼠捡起它，将它带回树上，但它仍想要跑与跳。它再次行动，然后又'砰'的一声掉到地上。"阿姜查继续这故事，描述可怜的小松鼠一再地掉到地上，直到这个认为自己再也笑不出来的比丘笑得在地上打滚为止。

之后他再次为自己的无能，达不到心目中出家生活与禅修的高

远理想而沮丧,尽管他已尽一切努力去持戒与辛苦修行。他去见阿姜查表达自己的挫折,阿姜查告诉他一个故事:

"过去曾有只驴子经常听到蟋蟀唱歌。驴子心想:'能像那样唱歌该有多好!'它问其他动物,蟋蟀的秘诀是什么,它们告诉它蟋蟀喝露水。

"因此,它每天早上都去舔草上的露水。终于有一天它开口唱歌,但它仍像驴子般发出刺耳的叫声。"

第六部 成道

01　彻底解决问题

无论人们是何种性行,可能有贪、瞋、痴、慢或其他烦恼,佛陀都教导他们如何修行,以减少这些事,终而彻底解决它们。这是一种最好的知识,在世间知识的学科中,各式各样的人研究各种事物,并获得各种知识。有些人达到较高的位置,便认为自己很重要,结果是人们因而无法和睦相处,社会也变得不和谐。这是外在知识与学科的方式。

只要有生
就一定会有死

在佛教的方式中,我们愿意聆听事物的实相,并试着去了解什么是真实与正确的。那意味着什么?它的目的是解决我们的问题。修行佛法是为了解决我们在世上经历的一切问题,包括自己与他人的问题、家庭的问题,任何一种今日人们面临的困难的问题。

有各式各样的问题,但佛陀教导我们解决它们的真实与究竟的方式。事情的真相、真正的答案是,没有任何人在解决问题,且没有问题:因为没有人在解决问题,所以问题实际上并不存在。这是它的根柢,若有某个人在解决问题,就会有许多问题,事情将会没完没了——那是世间的方式。

在佛法的方式中,我们说没有任何人在解决问题,且没有问题。那是我们能彻底解决它的方式,是趋入涅槃之道。若有某个人在解决问题,那将一直会有问题。若我们察觉问题,那么就有人在解决问题。

举个简单的例子,过去这里的情况非常简陋,我们很少淹水,因为没有水坝。现在贫穷成了一件重要的事,由于人们种不出足够的粮草,因此四处都筑起河坝来,许多树都不见了。每逢大雨,河水就溢出水坝,它必须泄洪,如此一来,下游的村庄与城市就遭殃了。在过去,我们顺应自然,河水均匀地流动,不会淹水。像这样,只要有进步,某种损失亦随之而来。

若什么事也不做,人们因贫穷与欲求而痛苦;若采取减轻它的做法,又衍生出其他一些苦恼。这个世间就是如此,没有任何一劳永逸彻底解决它的办法。唯一可能彻底解决的情况是:没有问题,以及没有解决问题的人。结束!

我们该怎么做?生到这个世间,我们都面临许多困难。世上聚集如此多的生命,因此不和与混乱是必然的。佛陀说只要有问题,只要有解决它们的人,只要有人在解决问题,就一直会有问题。

只要有生,就会有死。

我们大多偏好生,不需要去寻找死,因为它自动和生一起来,它们是一体的两面,无论多么不希望有死,它总是尾随而来,那是自然的真相。但它却很难被接受。我们有这种感觉:"对于生我很高兴,但我不想死。"或若必须死,那让别人先死,我们最好晚一点,让我们活得愈久愈好。但活那么久不会很痛苦吗?我们总以为活很久会带来快乐,那真是愚痴的想法。它就如入息与出息,你若认为只要生不要死,那么试着在吸气后停止吐气看看。

何者较有价值,吸气还是吐气?想想看!它就如出生与死亡。你如果说吸气比较重要,那么试试只吸气不吐气看看,能维持几分钟。或者认为吐气比较重要,则再试试吐气而不吸气看看。

当五蕴瓦解时
其中并没有死亡的人

对我而言,佛陀的教法才是正道。他看出生死轮回的连续性。他说:"见空性者,死神难觅。"那时死亡将不会影响我们。为何会如此呢?因为没有"我们"。

坐在这里的这个积聚体,佛陀称之为"五蕴"(pañca khandha):色蕴、受蕴、想蕴、行蕴与识蕴。那便是人的实相,只有这五蕴,哪里有"人"呢?"人"仅仅是肇因于地、水、火、风的集合罢了,这四大元素被假名为"人"。死神无法追踪与找到"人",只可能追踪到分崩离析的地、水、火、风四大元素,其中找不到"人"。

了知身体是"空"的,就不会执著于它,死神也抓不到我们。我们不死!难道不是这样吗?当没有"我们",没有自我时,我们将不死。佛陀谈到"无我"。但当你听到此事时,请听仔细,在"无我"的真实意义中,哪里有"人"呢?只有地、水、火、风的蕴积——空。虽然事物是"空"的,但我们却依世俗惯例设想这是"我"与这是"我的",因而有我执。

于是,当地、水、火、风瓦解时,我们死亡,因为我们把自己固着在那里。那些东西对我们来说不是"空"的,而是自我,因此我们必须死,且为死亡悲伤与流泪。佛陀教导我们只有五蕴,身体只是这五蕴的积聚体。当五蕴瓦解时,死亡不会影响我们,因为我们不住在那些东西里面。

想想幼虫变成蜜蜂,当蜜蜂脱蛹而出时,它留下空壳。当看壳时,我们不知道蜜蜂在哪里,蜜蜂再也不住在里面。

因此,佛陀教导我们去除自我的概念,若了解自我的假名与无我的实相,问题就解决了。其实不是问题被解决,而是无须解答。没有问题,因为没有人在解决问题。若清楚看见这点,生命就会变得无争与无碍。

佛陀教导我们思维诸行无常,身与心的现象都是无常的,去觉知它们的实相。这是智慧,是生起无我正见的方法。简而言之,我们可以如此说：没有死亡的人。若能断除我执不再执著这些事物，则将只剩下地、水、火、风的瓦解。

以智慧摧毁我见
彻底觉知世间

有个关于佛陀上首弟子之一的舍利弗尊者指导瞿那曼陀尼（Guṇamantani）比丘的故事。瞿那曼陀尼是舍利弗的学生，他正准备要进行头陀苦行。

瞿那曼陀尼觉得他已准备好了。但由于在苦行时，行者会遭遇各种障碍与状况。身为老师的舍利弗希望在弟子只身出发前，检验他的理解程度，他想要知道瞿那曼陀尼是否真的做好了准备。舍利弗问他："若有人，有圣者或凡夫问你：'瞿那曼陀尼尊者，当觉者去世时，他们将转生何处？'你会如何回答他们？"

瞿那曼陀尼尊者回答："我会对他们说：'色、受、想、行、识生起，然后息灭。'"

我在做研究时读到这句话，它对我并未呈现任何意义。某个人在问一件事，另一个人回答他另一件事，这两个人似乎完全对不上。当然，它是有意义的，答复确实以最真实的方式响应，只是我太无知而无法了解。

当瞿那曼陀尼被问到圣者去世会如何时，他并未直接说明。他只回答："色、受、想、行、识生起，然后息灭。"因为这种人不死，只有五蕴在生与灭；他们不住在那里。这就是此事的实相，没有回答，因为没有真实的问题或疑问，且没有解决问题的人，一切就此结束。

你们了解事情如何结束吗？它们因为"无"而结束。但若有人谈到"空"或"无"，我们就变得心灰意冷——毕竟，我们确实拥有很多财物。对于我们在家拥有的一切事物怎么办？但你应该小心这个问题，别为你所拥有的事物太过焦虑，它们并非真是你的。

我们无法了解这点，也许想了解它，但很困难。我们聆听与沉思，它听来没错，我们也有点了解，但无法完全体会它。内心的烦恼粗重，它们障碍我们。

贪欲牢牢绑住我们。例如听到要少欲，人们完全无法接受。他们充满欲望，想要很多东西，且通常不会停止，直到过头并遭遇不幸为止，他们的取向完全和佛法背道而驰。

因此，我们需要仔细聆听佛陀的教法。他教导"法"，目的是让人们超越痛苦，无痛苦地活着。若无痛苦，那会如何呢？将没有自我、"我"与"我的"，但在其中应该有智慧在运作，这样才能获得利益。

例如若我们说："这身体不是我的。"然后便拿武器毁了它，那不会带来任何利益。"这些杯子与盘子不是我的，因此我可以打破它们然后丢掉。"那是最无知的一种人。或当你觉得孩子的负担很沉重时，可能会想："嗯，佛法说这些小孩并非真是我的，因此我可以抛弃他们。"别那么做!

若无自我,那怎么可能有任何东西属于自我呢?好好想想这点,它应该不难理解。若有"我",那就有属于"我"的东西。于是这杯子成为"我的";若没有"我",则杯子不是"我的"。有东西破掉或遗失时,那就好像看着别人的财物破掉或遗失,那种伤心的程度和它属于你的情况相比大不相同,关键在于是否有自我的概念涉入。

因此,我们被教导要摧毁这个我见,以智慧去摧毁它——我们无法以戳刺或掩埋的方式摧毁它。佛陀的目标是彻底觉知世间,若清楚觉知它,将不会有任何困难,因为我们不会执取世间。若不了知,我们就一定会执取世间诸法。

若认为自己死亡
就会一再地到处转世

如今世人的做法就如有人试图装满水桶,却不把水倒进开口一样。他们乱倒一通,因此水不会进入并注满桶子,可能倒一年或一辈子也装不满水。人们目前的欲望就像这样,一直要更多的东西,却永远都不满足。

穷人充满贪欲,渴望更多东西;富人也充满贪欲,并渴望更多东西。结果是我们找不到任何富人,每个人都因为他们的贪欲而贫乏。欲望带来如此巨大的痛苦,它真的是我们应好好观察与思维的事。

我教导与训练人们至今将近三十年了。我觉得关键是让人们至少了解"法"，减轻他们的负担且无须停留太久，至少可达到入流果，确保不会再有第八次转世，那就很好了。不要让自己转生为可悲的生命形态，例如跳蚤、虱子，或乌龟、猪、狗，或聋人、盲人，或其他不幸的众生。若现在不出离，我们不知自己将会沦落何处。

我们研究与修行的目标只是让自己不必再受苦，没有痛苦。那意味着痛苦找不到我们，死神也找不到我们。

有色、受、想、行与识，它们生与灭，其中没有"人"，只有无常——不可信赖的现象。若认为自己死亡，那么就会一再地到处转世，你将无止境地受苦，因为它没有结束。

世尊是已完成者，所做皆办，了结诸法。但我们若说"结束"，人们会感到不舒服，认为再也没有可立足之处。他们听到"结束"、"完成"与"无"，但不了解它，不明白它其实是一种快乐与自在的境界。

这一关很难跨越。我们谈到离尘、出世间——出离世人的一切习惯、见解、思想与感受。尘俗意味着属于世间，无论我们在世间获得或完成什么，都仍属于世间，且必然会衰败与消逝，因此别太执著。那就如甲虫在刨土，它可能刨起一堆比自身还大的土，但那也只是一堆尘土。若它努力工作，便会在地上挖出一个深洞，但那只是一个土洞。若水牛在那里拉了一堆粪，那将比甲虫的土堆还大，但在广袤的天地间依然很渺小。它们都是尘土，世间的成就就是如此。无论甲虫多么努力工作，它们都不脱尘土，都只是在制造土洞与土堆。

有世间善业的人具有在世间妥善行事的才智，但无论做得多好，他们都还是活在世间。他们做的所有事都是世俗的，且有其限制，就如甲虫在刨土一般，洞可能挖得很深，但它还是在土中，土堆可能很高，但那也只是一堆土。做好一点，得多一些，我们在世间就只是如此。

无论哪种程度的世间知识与成就，都还是令你处于这痛苦的领域中。不管有多么快乐，都是依赖外在事物，它并非自由的快乐，或不依赖任何外在事物的快乐。我们依赖什么？依赖拥有、娱乐、名誉、赞赏与财富。我们依靠这一切事物，就如依靠一根腐烂的老树干。在靠得过久后，它破碎瓦解，我们也随之跌倒，这便是世间的快乐。但佛陀希望我们觉知它，你活在这些事物当中，因此请觉知它们的实相。

了解只有五蕴与四大
你将安然无事

当某人吞下毒药时，它很危险。不过，无论毒药有多强，只要人们觉知它，且不吞下它，就毫不危险。

做毒药的人觉得它好，但它的好是以一种不好的方式来达到。

他想要卖它,因此必须推销它:"这个药剂真的很好!若拿给老鼠吃,老鼠会死;拿给狗吃,则狗会死。它会杀死一切吃下它的生命,能杀死鸡、鸭和人!我的产品就是这么好!"

"嗯,若它那么好,你为何不自己服用?"

"哦不!我绝不用它。"

"为什么?"

"它好是用在杀死人与动物上,不是用在我身上。"

"好"在"法"之外是如此,只好到这样一个程度。推销毒药者很聪明,不会自己服用。他说它真的是很好的东西,但知道它会致命,且爱惜自己的生命。人们说好的东西有很多,但佛陀的"法"是完全与无害的东西,它有很好的解释且理由充足。然而,当人们遇见它而尝试了解时,却遭遇困难,因为他们受到我执的障碍。但你若可放下执著,则生命中贪、瞋、痴的负担就会减轻。

若你可了解只有五蕴与四大,"人"只是一种假名,若你真的清楚看见这点,则无论别人说什么,对你都无关紧要。若遭到毁谤或侮辱,你将安然无事,但不了解的人则无法如此释怀,他必须咬紧牙关勉强克制自己。

若真的如此接受"法",就不会被问题所困扰,我们无须解决问题,它们自己会解决。为何这世间充满困难?因为我们希望按照自己的习气与方式去做事,希望所有事情都听命于我们,但事情并非总是如愿,这是法尔自然。我们期待人、事、物能依照希望的方式存在，因此才会被事物烦扰与伤害。

夫妻内心不平静，因为觉得被小孩烦扰与搅乱，觉得被彼此烦扰，觉得被猫与狗烦扰。他们被工作烦扰，被朋友与邻居烦扰。因为这种被烦扰的感觉，所以恐惧与焦虑经常出现，他们因而痛苦。

你将立身何处？若希望每个人的言行都符合你的意思，在这世上你找得到这样的地方吗？这种态度只会让你陷入生不如死的无尽痛苦中。若依赖别人以取悦自己的方式来说话与行动，我们怎么可能感到快乐？即使两个人生活在一起，每天都会有一些争吵，并对彼此不满，只是程度多或少而已。若认为快乐之道是人人都说符合己意的话，则你在这世间将无处立身，那将生不如死，日复一日都会遭遇痛苦。我们希望快乐，但见解若不符合实相，怎么可能获得快乐呢？

因此，哪里才是我们能离苦之处呢？我将把这问题留给你们回去慢慢想，仔细思维它。你划船过河，必须很努力才能到彼岸，但你若不够聪明，即使到了之后也还未结束，若你仍扛着船穿越森林，就会撞到树。

我对你们提出这问题，是为了让你们的了解更圆满。那些未觉悟"法"的人，虽然研究并了解"法"，却仍未解脱。若你们只是听闻、了解与修行"法"，别开始梦想自己已完成，你们的眼泪还会继续流。若我们"即是"法，则只会看见地、水、火、风的积聚。唉！我们还差很远，不是吗？这不是在开玩笑。

第六部　成道

我对你们当中想要得到佛法心要的人说这些事，重点不只是拥有舒适的生活，做好一点，得多一点。那样你还是在为轮回转世铺桥造路，仍充满烦恼。今天我是开门见山地说，对于那些缺少正见的人来说，会觉得很吃力。这是为根器成熟者所说的"法"。

人们有许多欲望，但我们最终必须到达的地方，却是完成、结束与摆脱一切事物。摆脱它不是借由把它抛入河中，而是以智慧完成它。然后我们快乐与自在地生活，没有痛苦。无论在工作中，还是在与别人相处的关系中，我们都没有痛苦。生病时，我们没有痛苦——我们了知唯有地、水、火、风。没有问题，且没有解决问题的人。它就这样结束。

02　寻找老师——阿姜查与一位未入门弟子

　　一位来自泰国南部，凭本身优异条件被视为大师的禅修比丘，来见阿姜查，并请求成为他的弟子。但阿姜查只告诉他："若你在找老师，你将找不到老师。若你有老师，则你没有老师。若你留在我身边，你将看不见我。若你放弃老师，则你将找到老师。"

　　只有短短几句话，这位比丘虽然有些失望，但他仍相信阿姜查是个大智慧者。他顶礼之后，便进入森林思维这些话。经过彻夜禅修之后，他终于了解阿姜查是在告诉他，真实的"法"只能在每个人的心中找到，只有它才是真正的老师。到了早上，他提出自己的体悟，阿姜查给予认可，于是他返回自己的寺院，觉得已完成前去拜见阿姜查的目的。

03　聪明的螃蟹

过去曾有个满是鱼的大池塘。日子一天天过去，随着降雨减少，池塘变浅了。有天一只鸟出现在池塘边，它对鱼群说："我真的为你们鱼儿感到难过，你们在这里几乎没有足够的水可保持背部湿润。你们知道离这里不远处有个大湖，水深数码，鱼儿在那里快乐地游泳吗？"

浅塘中的鱼听到这番话时兴奋不已。它们对这只鸟说："听起来很棒，但我们怎么到达那里呢？"

鸟儿说："没问题！我可以用嘴衔住你们，一次一条。"

鱼群间彼此讨论："这里再也不像以前那么好了，水连我们的头都淹不没。我们应该要去！"因此，它们排队等着被鸟带走。

这只鸟一次带走一条鱼，一旦离开池塘的视线，它就着陆并吃掉鱼。然后它再回池塘告诉它们："你们的朋友此刻正在湖中快乐地游泳，它问你们何时才可以加入！"

鱼儿们闻言大喜。它们迫不及待想去，因此开始争先恐后挤到队伍的前头。

鸟儿就这样解决了那些鱼，它回池塘看看是否能再有斩获，但那里只剩下一只螃蟹。鸟儿又开始推销它的大湖。

螃蟹有些怀疑，它问鸟儿如何才能到达那里。鸟儿告诉它会用嘴衔住它。但这只螃蟹有智慧，它告诉鸟儿："让我们这么做：我会坐在你的背上，用我的双手抱住你的脖子。若你想耍诈，我就会用钳子掐住你。"

鸟儿听完很泄气，但它仍想试试看，认为也许还是有办法吃掉螃蟹。因此，螃蟹爬上它的背，它们飞上天空。

鸟儿四处盘旋，想要找个好的落脚处。但当它试图降落时，螃蟹就用钳子掐住它的喉咙。鸟儿连声音都叫不出来——它只能勉强干咳。因此，它最后只好放弃，把螃蟹送回池塘中。

若你们像那些鱼一样，就会听信他人所说，只要你们重回世俗的方式，一切都会多么美好。这是我们在解脱道上会遇到的一个障碍，因此我希望你们可以如那只螃蟹般聪明一点。

第六部 成道

04　最后几点忠告

心未调伏时,我们很容易受自己的爱憎左右。我们喜欢的东西是善,而不喜欢的东西则是恶,我们甚至可能将有害的事物判定为善。它是真的,但只适用于自己不可信赖与善变的心,它和"法"完全无关,且不符合实相。

将心推向"法"
让一切活动都是"法"

因此,经上说我们应把心导向"法",趋入"法",别尝试把"法"导向心。就如在社会习俗中,地位较低的普通人会主动去找重要人物,而重要人物无须去见普通人一般。若我们希望完成佛道,应主动去找佛陀与他的教法,并服从他们。我们不期待佛陀前来,并服从他的学生。这是自古以来便受人尊敬的方式。

难道只因为你喜欢某件事物,就可因此决定它是"善"或"对"的吗?它只因为你的习惯才是善,那是未调伏心的困惑见解。因此,在心受到妥善调伏之前，我们必须把它推向"法"，并逐渐让它符合"法"，一直到心是"法"，而"法"是心为止。然后，一切活动都是"法"，思想是"法"，一切所做的事都是"法"，它是真谛。

从前一只乌龟与一条蛇住在森林里。森林着火了，它们设法逃跑。乌龟笨拙地爬行，随后看见蛇从旁滑过。它为那条蛇感到难过，为什么？因为蛇没有脚，所以乌龟猜想它无法逃过火灾，而想要帮助蛇。但是随着火势持续蔓延，蛇轻易地就逃走了，而乌龟则办不到，即使有四只脚也一样，它就死在那场火里。

那是乌龟的无知。它认为要有脚才能移动，若无脚则哪里也去不了，因此为蛇感到忧心。它认为蛇会死，因为它没有脚。但蛇对此保持冷静而不忧虑，因为它能轻易地逃过危难。

这是一个以困惑观念对人说话的方式，他们可能因为你不像他们，并和他们的知见不同，而为你感到难过，且认为你是无知的。但谁才是真的无知呢？

修行关键不在是否出家
而在你如何修行

人们看你的生活方式，以及你对"法"的兴趣，也许认为这些完全没有意义。其他人也许会说，你若想要修行，就应出家。关键不在是否出家，而在你如何修行。

在家人活在感官享受的领域中。他们有家庭、金钱与财产，且深深涉入各种活动中。然而，有时他们会领先于比丘与比丘尼获得观智并见法。为何会这样？那是因为他们从这些事物中感受到苦，看见过失且能放下，能在经验中清楚看见后而放下它。看见伤害并放下，然后能善用在世间的地位，并利益众生。

反之，我们出家人可能坐在这里，做在家生活的白日梦，想着它们可能有多么美好。"啊！我可能在田里工作并赚钱，然后可拥有幸福的家庭与舒适的家园。"我们不知它实际的情形。在家人外出工作，在田里胼手胝足，辛苦挣几个钱讨生活。但对我们来说，它只是空想。

在家人以某种透彻与清晰的方式生活，无论他们做什么，都实实在在地做它。即使喝醉了，也透彻地做，并经历它的实相，而我们只能想象它大致的情形而已。因为自己的经验，他们可能比僧侣更快厌离世间，并觉悟"法"。

每个人都是自己的见证者，别拿他人当见证，那意味着学习相信自己。人们也许认为你疯了，但别在意，那只表示他们对"法"一无所知。但你若缺乏信心，而依赖未觉悟者的意见，则很容易被吓住。今日在泰国，年轻人很难维持对于佛法的兴趣，也许他们前来寺院几次，然后朋友就会开始取笑他们："嘿，达摩行者！"他们开始改变生活方式，不再重视寻欢作乐，他们的朋友便抱怨："自从你开始上寺院，就不想再出来玩或喝酒，你是怎么了？"因此，他们经常半途而废。

别人的话无法评量你的修行，你不会因别人说什么而觉悟"法"，我是指真实法。别人能给你的教导，只是为你指出道路，但那并非真实的了知。当人们真的遇见"法"时，会直接在心中认出它来。因此，佛陀说他只是指出道路者，在教导时，他并未为我们完成道路。没有那么便宜的事！这就如有人卖给我们耕田的犁，而他不会为我们耕田一样，我们必须自己去做那件事，别等待推销员来帮你做。一旦他做成交易，拿完钱一溜烟就走了。那是他的部分。

修行就是这么一回事。佛陀指出道路，他并非为我们做事者，别期待推销员来耕你的田。我们若如此了解解脱道，心里会舒坦一点，会亲自去做，然后就会有成果。

向不同的老师学习
会导致许多疑惑

教法可能极深奥，但那些聆听者也许不了解。不过别在意，不要为了深奥与否而感到困惑。只要全心全意地修行，就能达到真实的了解——它将带领你到达教法所说的安稳处。

别依赖一般人的认知，你们读过瞎子摸象的故事吗？那是个好例子。假设有一头象，一群盲人正试图描述它。一个人摸到腿便说它像柱子，另一个人摸到耳朵便说它像扇子，另一个人摸到尾巴说："不！它不是扇子，它像扫帚。"另一个人摸到身体，则说它不像他们所说，它像其他东西。

莫衷一是。每个盲人都摸到大象的一部分，且对它有完全不同的概念，但那是同一头象。修行的道理也是如此，以一点了解或经验，你得到局部的概念。你可以逐一去找老师寻求解释与教导，试着找出他们的教导是否正确，并拿各种教导来相互比较。

有些人一直四处旅行，向不同的老师学习，他们试图评判与衡量，因此当坐下来禅修时，经常处于关于什么是对或错的疑惑中："这个老师这么说，但那个老师那么说；一个家伙这么教，而另一个家伙则那么教。它们似乎并不一致。"这可能导致许多疑惑。

你也许听到某些老师真的很好，因此便去到泰国阿姜、禅宗大师、内观老师或其他人那里学习，接受教导。在我看来，你们多数人可能已有足够的教导，但内心却总想听闻更多，想比较，结果徒增疑惑。每个后继的老师，都可能进一步增加你的困惑。

因此，佛陀说："我是经由自己的努力而觉悟，没有任何老师。"一个游行沙门问他："谁是你的老师？"佛陀回答："我没有老师，我靠自己达到觉悟。"但沙门摇摇头就走开了。他心想佛陀只是在敷衍他，对他所说的话并无兴趣，他认为没有老师或指导者，根本就不可能达成任何事。

你向心灵导师学习，他告诉你要断除贪与瞋，他告诉你它们是有害的，必须去除。你也许修行并那么做，但断除贪与瞋不会只因为他教导就达成。你必须认真修行，才能完成它。你经由修行，逐渐亲证一些事情，你看见心中的贪并断除它，看见心中的瞋并断除它。老师不会为你断除它们，他告诉你要断除它们，但这不会只因为他告诉你就发生。你着手修行，并逐渐觉悟，你借由自

无　常

己而了解了这些事。

这就如佛陀牵着你的手，并带你到道路的起点，然后告诉你："就是这条路，往前走吧！"他不会帮你走，你得自己来。当你履行解脱道并修习佛法时，你和真实法面对面，那是超越名言概念的，没有任何人可为你解释。因此，人们是自知作证，了知过去、未来与现在，了知因与果，然后疑惑了结。

一旦觉悟"空"
就不再受到善法或恶法影响

我们谈论断恶与修善，但当证悟修行的果时，则是一切事物不增不减。佛陀说这是我们希望达到的目标，但人们却不想停在这里。疑惑与执著让他们一直移动且困惑，而停不下来。因此，当某人已达到目标而其他人还在别处时，他们听不懂他到底在说什么，他们也许具有了解语言的才智，但那并非见道的真实智。

通常当谈到修行时，我们谈应修习什么与断除什么，谈扬善与去恶。但最后的结果是"所做皆办"。有"有学"（sekha）[1]的层次，这些人必须在这些事物当中修行；另外有"无学"（asekha）的层次，这些人不再需要任何修行。在心达到完全觉悟的层次时，无须再修习任何事物，这种人无须借助任何教法与修行的概念。这里说的是已断除烦恼的人。

"有学者"必须在解脱道上次第修行，循序渐进，直到最高层次。当他完成此事时,就被称为"无学",意即不再需要任何修行,因为一切皆已完成。该做的修行都已完成,已断除疑惑,无须再做任何修行,没有烦恼必须被断除。这即是所谓"空"的心,一旦觉悟此事,就不会再受到任何善法或恶法影响。无论遭遇什么事,都能不为所动,活在平静与快乐中。

除了佛法
无任何东西可带来快乐

在这个无常的领域中,有时找不到心灵导师来为我们指出道路。然后,一段时间之后,这种老师偶尔会出现,这事可遇而不可求。当人们缺乏心灵导师时,受到渴爱严重遮蔽,社会则普遍被贪、瞋、痴左右。因此,虽然目前佛教也许正力图生存,但一般而言,它的路线离真谛实相还很遥远,我们仍应充分利用所掌握到的机会。

当佛陀般涅槃(parinibbāna)时,不同类型的弟子有不同的感受。那些已悟入佛法者,当看见佛陀入涅槃时,他们很高兴:"世尊善逝,彼已入灭。"但那些烦恼犹未断除者,心想:"佛陀已死了!现在谁来教导我们呢?我们先前礼敬者去世了!"因而号啕大哭。那真糟糕,如一群无家可归的人般,为佛陀哭泣,他们不明事理,害怕再也没有人来教导他们。

但那些觉悟者了解,佛即是他已教导我们的"法","法"即是佛,虽然他已经去世,但是他的教法还在这里。因此,他们的精神依然昂扬，并不缺少修行的方法，因为他们了解佛陀不死。

我们不难看见，除了佛法之外，没有任何事物能解除世上的烦恼与忧伤，并息灭众生炽盛的苦难。世间凡夫一直在无知的生活中挣扎、对抗、受苦与死亡，看不到终点，因为他们不循正道而行。因此，让我们将身心完全投入持戒与修定，成为真正如法生活的人。我们无须看别人，批评他们不持戒，即使当那些和我们亲近者无法修行时，也应先做好自己能做的事。在担心别人的缺失之前，我们当中那些了解并能修行者，应立即反躬自省。

除了佛法，并无任何东西可为这世间带来平静与快乐。撇开佛法，这世间就只剩下得与失、嫉与瞋的斗争。进入佛法者，放下这些事，并改以散播慈心与悲悯。这样的"法"即使只是一点点，也具有广大的利益。无论何时，只要个人心中具有这样的特质，佛陀之道便可兴盛繁荣。

译　注

[1] 有学：证得四种道与果的前三种的圣者，称为"有学"，共有 7 种，最初证得须陀洹道的圣者称为"见道"的圣者，其后 6 种称为"修道"的圣者。证得第四最高阿罗汉果的圣者，则称为"无学"（已无可学的学尽者）。

附录一 英译者致谢词

本书若无我在香巴拉出版社的编辑埃米莉·鲍尔（Emily Bower）的辅导，不可能顺利出版。她在审核初稿时非常严格，决不让我蒙混过关，在超过一年的期间，耐心地引领我创造条理清楚的词语，一直对抗我的惰性和对于重写的顽强厌恶，以及我曾自以为是文采的骄慢。达夫·欧尼尔（Dave O'Neal）与彼得·特纳（Peter Turner），也经由她提供了有益的建议。

阿姜查的僧团，尤其是那些位于无畏山寺（Abhayagiri Monastery）的弟子们，提供鼓励与回馈，并在翻译上帮助我。无畏山寺僧众是初稿的读者，那里的比丘、比丘尼与在家行者，一直对我所翻译阿姜查教法的每个小片段，表现出无限的感激。该寺也提供一份相片光盘，由正念佛教研究中心（Sati Center for Buddhist Studies）的露斯·史戴尔斯（Ruth Stiles）重新整理格式。无畏山寺副住持阿姜帕萨诺（Ajahn Pasanno）一直是我在翻译、佛法与经典上最宝贵与最值得信赖的咨询资源。

其他相片则是由乔治·夏普（George Sharp）先生——他是把

阿姜查寺院传统带到西方的桥梁，以及英国晓明宝山寺（Aruna Ratanagiri Monastery）的阿姜穆宁多（Ajahn Munindo）提供的。

比尔·珊德（Bill Sand）是一位老朋友，他奇迹似的在超过30年后出现，并在重写的过程中给予我非常宝贵的深刻观点。我的"智囊团"，包括比尔、凯西·寇尔克洛（Cathy Colclough）、艾莉丝·兰斯柏格（Iris Landsberg）、贝嘉·提图斯（Becca Titus）与西恩·豪德（Sean Haode），帮助我了解如何让教法更容易被人接受。

国际邮差协会（National Association of Letter Carriers）在我翻译期间，提供足够维持生活的薪资，让我能支付账单。我的妻子莉莉（Lili），除了无怨无悔的耐心与支持外，还在技术问题与临时编辑上，解除我的燃眉之急，而我们独一无二与不可思议的狗狗贝儿（Bear），则一直都是我们生活上的开心果。我们衷心祈祷，并相信它已往生阿弥陀佛的净土。

附录二 英译者简介

保罗·布里特（Paul Breiter），1948年出生于美国纽约市布鲁克林区，1970年旅行至泰国时，出家成为比丘。不久之后，他遇见阿姜查并成为他的弟子。布里特通晓泰语与依桑方言（Isan，近似寮语），负责担任阿姜查指导西方学生的翻译。他保有对于阿姜查开示法语的记录，其中有些被集结成册，纳入与杰克·康菲尔德（Jack Kornfield）共同出版的《宁静的森林水池》（*A Still Forest Pool*, Quest Books, 1985）中，他还翻译了一本《戒律入门》（*Vinayamukha*（P.）；*Entrance to the Vinaya*, Vol. III；Mahamakuta Royal Academy, 1983）。

阿姜查于1979年访问美国，布里特陪同他旅行并担任翻译。之后他出版了一本传记，记录跟随阿姜查学习的一些故事，那本书名为《师父——与阿姜查共处的岁月》（*Venerable Father：A Life with Ajahn Chah*，自行出版，1993；Buddhadhamma Foundation, 1994；Paraview Press, 2004），此书已成为弟子间私下流传的经典著作。在1977年脱下僧袍还俗后，布里特回到美国继续跟随日本曹洞宗的光文千野禅师（Roshi Kobun Chino Otogawa），之后又随西藏佛教宁玛派的贡波·赞丹（Gonpo Tsedan）修学佛法。他目前住在美国佛罗里达州。

附录三　词汇表

ajahn（泰文；巴利语 *ācarya*）：阿姜、老师。

Ajahn Mun（泰文）：阿姜曼，泰国 20 世纪最著名的禅修大师，阿姜查时代泰国东北方多数大师的老师。

almsround（巴利语 *piṇḍapāta*）：托钵乞食。上座部寺院每天早晨习惯上都会外出乞食。比丘们静静地托钵站在屋外一段时间，审视住户是否会提供食物。在泰国，施主通常在户外排成一列等待比丘。

anattā（巴利语）：无我。意指无身心元素组成之真实与恒常的自我。

anicca（巴利语）：无常。经常被阿姜查译为"不确定"。

arahant（巴利语）：阿罗汉，意译为"远离烦恼者"、"杀诸烦恼贼者"。上座部佛教中究竟的证悟果位。

ariya（巴利语）：圣者。那些已经证果者，因此他们不再是凡夫。

bhikkhu（巴利语）：比丘，意译为"看见生死轮回之危险者"，乃受具足戒的僧人。

bhodhi tree：菩提树（学名 *ficus religiosa*），佛陀于印度菩提伽耶

(Bodh Gaya) 在此树下达到觉悟。菩提（*bodhi*）意指"觉悟"。

bhodhisattva（梵文；巴利语 *bodhisatta*）：菩萨或菩提萨埵，意译为"觉有情"，发誓为利众生愿成佛者。在上座部教法中，"菩萨"特指佛陀修行以圆满佛道的前世。

Buddho（巴利语）：佛号。在泰国通常被当做一个禅修对象，意为"觉知者"。

deathless：无死，解脱苦、生死轮回的境界；涅槃。

defilements（巴利语 *kilesa*）：贪、瞋、痴等烦恼。

Dharma（梵文；巴利语 *Dhamma*）：佛法，佛陀的教法；实相；真谛。

dharma：诸法，现象。直译为"存在者"。

dukkha（巴利语）：苦。不满足；存在的痛苦本质；佛陀教导四圣谛中的第一圣谛。

eighth rebirth：第八次转世，最后一次转世。"入流者"（须陀洹）顶多再经7次转世即可解脱轮回。

four foundations of mindfulness：四念处。上座部佛教中基本的禅修系统，包括身、受、心、法等念处。

Four Noble Truths：四圣谛。佛陀初转法轮所传之法：苦圣谛、苦集圣谛、苦灭圣谛，以及导致苦灭之道圣谛。

jhāna（巴利语）：禅那。深定的状态，通常被区分为四禅八定，即四色界定与四无色界定。

khandha（巴利语）：蕴，直译为"积聚"。指身心构件的分类——色、受、想、行、识五蕴，人们错误地认为这些构成"人"或"我"。

kūṭi（巴利语）：茅棚。通常是由柱子撑起的小木屋。

lower realms：恶道，通常是指畜生、饿鬼与地狱。它也可以指人类内心的极苦状态。

Luang Por（泰文）：师父，音译为"隆波"。对年长比丘尊敬与亲切的称呼，意思是"尊贵的父亲"。

merit（巴利语 *puñña*）：福德，即行善积德。

metta（巴利语）：慈心。无私地希望包括自己在内的一切众生快乐。

nirvāna（梵文；巴利语 *nibbāna*）：涅槃。觉悟的状态，是无为法；断除贪、瞋、痴。

pacceka buddha（巴利语）：辟支佛，意译为"独觉"，乃无师自悟，且不具有教导他人能力者；通常被描述为离群索居。

Pāli：佛陀教导所用的梵语方言。

perfections（巴利语 *pārami*）：波罗蜜，意译为"到彼岸"、度。在上座部佛教中，有十波罗蜜：施、戒、出离、慧、精进、忍辱、谛、决意、慈、舍。

samādhi（巴利语）：禅定。专注；禅的稳定性。

samatha（巴利语）：止禅。

saṃsāra：轮回。生死轮回；有为法的痛苦循环。

Saṅgha：僧伽，修习佛道的团体。它可以指任何佛教团体，包括在家与出家。僧伽作为皈依的对象（与"佛"、"法"并列），则是指那些已开悟证果者。

saṅkhāra（巴利语）：行。有为法，任何有始、末与生、灭的事物。

若被当做行蕴，则是指色、受、想与识以外的一切心行。在泰文语法中，它也可以指"身体"。

self-conceit（巴利语 *māna*）：慢、我慢。根本的自我意识；这种深细的我执，一直到证得阿罗汉果时才被断除。

sīla（巴利语）：戒，符合并导向善德的行为准则与规定。

stream enterer（巴利语 *sotapanna*）：入流者，是指证得初果者，已进入正觉之流，此人顶多再转生 7 次。

Tathāgata（巴利语）：如来，佛陀的 10 个名号之一。

tudong（泰文；巴利语 *dhūtaṇga*）：头陀行，上座部僧侣所允许的苦行。它通常是指离开寺院，在森林里、冢间云游，以及行脚参访禅修大师和禅修道场的修行。

Ubon：乌汶。位于泰国东北部的省份，是阿姜查居住与阿姜曼诞生的地方，也是距阿姜查的巴蓬寺约五英里的省会名。

vipassanā（巴利语）：观禅，直译为"特殊的观看"。

Visakha Puja（巴利语）：卫塞节。纪念佛陀降生、成道与般涅槃的节日。

wat（泰文）：寺。

Wat Pah Pong：巴蓬寺。阿姜查的主寺，成立于 1954 年，在距离他的家乡约 1.5 英里的浓密森林中。

zazen（日文）：坐禅，禅宗的坐禅。

附录四 资源

有兴趣想要学习更多泰国森林传统的读者们，可以前往 www.forestsangha.org 或联络下列寺院，以获得阿姜查、他的寺院与教法，及其弟子的教学与活动资讯。

Australia

Bodhinyana Monastery

216 Kingsbury Drive

Serpentine WA 6125，Australia

（61）（0）8 9525 2420

Italy

Santacittarama Monastero Buddhista

Località Brulla

02030 Frasso Sabino（RI），Italy

（39）（0）765 872 186

New Zealand

Bodhinyanarama Forest Monastery

17 Rakau Grove

Stokes Valley

Wellington, New Zealand

(64) (0) 4 563 7193

Switzerland

Dhammapala Buddhistisches Kloster

Am Waldrand

378 Kandersteg, CH-3718, Switzerland

(41) (033) 675 2100

Thailand

Wat Pah Nanachat (International Forest Monastery) Bahn Bung Wai

Amper Warin

Ubon Province 34310, Thailand

USA

Abhayagiri Buddhist Monastery

16201 Tomki Road

Redwood Valley, CA 95470, USA

(1)(707)485-1630

UK

Amaravati Buddhist Monastery

St.Margaret's Lane

Great Gaddesden

Hemel Hempstead

Hertfordshire HPI 3BZ, UK

Aruna Ratanagiri Buddhist Monastery

2 Harnham Hall Cottages

Harnham, Belsay

Northumberland NE 20 OHF, UK

Cittaviveka

Chithurst Buddhist Monastery

Chithurst (W.Sussex), Petersfield

Hampshire GU 31 5EU, UK

(44) 01404 89 1251

Devon Vihara

Hartridge Buddhist Monastery

Odle Cottage

Upottery, Honiton

Devon EX 14 9QE, UK